起業と第二創業

ケース
スタディで
学ぶ

Starting Business & Second Founding

[編著] 日本工業大学専門職大学院
MOT経営研究会

クロスメディア・パブリッシング

はじめに

中堅・中小企業を取り巻く、経営環境

1

ＩＣＴ（情報・通信技術）の飛躍的発展により国内外のモノづくりの技術格差が縮小するなかで、新興国では大企業が台頭、所得水準の向上による市場形成が進んでいる。

一方、我が国では、従来製品・事業における市場の成熟化、大手企業の生産機能の海外シフト化が進み、多くの中小企業の国内売上高が伸び悩んでいる。加えて、新規開業率の低下や事業承継問題などもあり、起業者や後継者の育成、中小企業のグローバル化や新事業創造など第二創業の展開をいかに図るかが大きな課題となっている。

近年、大手企業ではなくベンチャー企業や起業に興味を持つ若者が増える兆しが見える。またグローバル展開や新事業創造などの第二創業に取り組む事例も新聞や雑誌に多く紹介され、上記課題に対する新たな胎動がうかがわれる。この動きを大きな

「うねり」とするためには、起業や第二創業などに関する成功事例の要因分析と周知、基礎的知識や手法・スキルの学習、模擬的演習などの体験できる「場」の充実が求められる。

２０００年以降、社会人を対象としたＭＢＡやＭＯＴなどのビジネススクール（専門職大学院）がとりわけ注目されるようになった。この背景には、国際レベルでの企業間競争に打ち勝つため、経営・技術などのマネジメントに関する知識や手法、スキルを身に付けようとするニーズが強まったことがある。その専門職大学院の一つが日本工業大学専門職大学院技術経営研究科（ＮＩＴ－ＭＯＴ）だ。ＮＩＴ－ＭＯＴでは、中堅・中小企業のイノベーションを推進する中核的人材となる経営者・後継者・幹部社員、起業者などの育成を目指している。

本書では、ＮＩＴ－ＭＯＴの修了生の中から、起業に成功している経営者5名、第二創業に挑戦している経営者3名にご協力を頂き、自社の経営理念・経営ビジョン、経営戦略・戦術、起業や第二創業への挑戦とリスクへの対応についてインタビューを行い、その実像をまとめた。

経営者たちの特長

2

3つの上手と3つの視点

本書の取材にすべて立ち合い、経営者らの話を聞いたところ、いくつかの共通点が見てとれた。

まず、インタビュアーが気持ちよく質問できるよう配慮する「気配り上手」、曖昧で幅広い答えにくい質問に対しても極めて論理的に説明する「語り上手」、語りが熱っぽくエネルギッシュで聞き手側を話に引き付けるような「アピール上手」であったことだ。

また、それぞれが経営者として確固たる「経営哲学を持っている」、ビジネスの見通しに関して「鋭い先見性を持っている」、経営理念を踏まえた「明確な会社ビジョンを持っている」ことも挙げられるだろう。

取材から一歩離れると、みなともかく、よく飲み・よく食べ・よく遊びの3拍子が揃っている。旺盛な行動力を活かして他分野の様々な人々に出会い、価値観を共有、信頼関係を深め、ビジネスのキーパーソンになれるよう人脈形成に努めている。

さらに、早朝や深夜などには自分の時間を確保し、自己研鑽にも励む。自己の人間的魅力を高め、人脈形成や経営者としての資質の向上に役立つ努力を続けているのだ。

確固たる経営理念と明確なビジョン

彼らは自己実現、従業員の幸せ、顧客・社会への貢献といった経営理念のもと、会社が目指すべき姿（経営ビジョン）を描き、そのためには何をすればよいかを明確にしている。

経営ビジョンは社員や顧客に周知するだけでなく、社外の多様な人々にも積極的に伝え、将来の顧客開拓、社員（人材）の確保、さらには幅広い応援団づくりに役立てている。こうした経営理念・ビジョンを礎としたぶれない経営が会社づくりを確かなものにしているのだ。

規模よりも質を重視

本書で取り上げた企業の多くは、大規模市場ではなく市場規模が構造的に大きくならないニッチ市場を対象にシェアの獲得・維持を目指している。ニッチ市場を対象としているがため、事業規模の拡大よりも、製品・技術・サービスの差別化力強化や高付加価値化に向けたマネジメントを優先的に行っている。なかには、あえて会社規模を大きくしないようにマネジメントしている経営者もいる。事業規模よりも収益を優先するニッチトップ企業を標ぼうしているのだ。

一時的な需要拡大に応じて事業規模を拡大すれば、その規模を維持するために「儲けにならない仕事」も確保しなければならない。加えて、売れるからと言って、製品の標準化と生産設備の拡充を行い大量生産すれば、製品のコモディティ化やコスト競争の激化が進むものと考えられる。彼らはそれを十分に承知したうえで経営を行っているのだ。

将来を見据えた人的ネットワーク（人脈）形成

経営者には魅力的な人物が多い。彼らもまた、人を引き付ける不思議な魅力を備えている。たとえば、一度会うと忘れられない人間味を醸し出し、自ら描く夢や経営ビジョンを熱く語り、「あの人と一緒に何かしたい（仕事をしたい）」といった気持ちにさせる力をもっている。そして、研修会、展示会、学会、経営者交流会などのあらゆる場に足を運び、トップ自らが率先して新たな人的ネットワーク形成に努めているようだ。

形成した人的ネットワークが社外の経営資源を活用できる道筋をつくり、自社のウィークポイントを補強・補完。産学連携による研究開発、企業間連携による新事業創造が水面下で展開されている。

顧客に頼りにされている

彼らは、コスト競争に巻き込まれることを危惧して、コスト面での顧客ニーズに応えるだけでなく、顧客に頼りにされるような会社経営を目指している。すなわち、顧客から選ばれ続ける会社になろうとしているということだ。

たとえば、顧客からの緊急的発注への対応、自社の強みを活かした顧客への提案、他社では得られない価値・満足感の提供などが具体的な施策である。こうした積み重ねによって、顧客にとって自社がなくてはならないものとして存在感を高めている。

3 起業者・後継者が「熱き経営者」になれた理由

こうした特長を持つ会社へと成長させた理由を探ってみたい。

起業者・後継者は起業、事業承継・第二創業として会社経営に関わり始めるが、誰しもが「熱き経営者」になれるわけではない。「熱き経営者」へと脱皮するポイントがあったはずだ。

本書に登場する起業者・後継者はビジネスにおいて幾度となく大きな試練（経営危機、自信喪失など）に遭遇していた。大きな試練は、彼らをギリギリの極限状態に追い込む。極限状態に追い込まれたとき、彼らは一様に試練から逃げるのではなく、リスクを取って正面から立ち向かうことによって試練を乗り越えていた。この試練を乗り越えるプロセスにおいて、彼らは今までの思考とは異なる「経営者の思考回路」を獲得したといえよう。結果、彼らは従来とは異なった意思決定が出来るような「熱き経営者」へと変身したのではないだろうか。

大きな試練を乗り越えようとする時、彼らのもとには、相談に乗ってくれるメンター、精神的支柱になってくれるサポーター、ビジネスに協力してくれるパートナーなどの救世主が現れている。新たなビジネスを創出する場合だけでなく、苦境を乗り越える際に「経営者の人的ネットワーク」が活きた。これぞ「熱き経営者」になれる要件とも言える。

経営者ならではの「思考回路」

4

「経営者の思考回路」について、私は、経営者が会社の過酷な試練から脱するために、追い詰められた逃げ場のない状況下で、従来では思いつかない最善の対応策を産み出す能力として仮定している。

これによく似た身近な事例といえば、作家が締め切りギリギリになって、やっと成果を産み出す創作力が挙げられるかもしれない。締め切りギリギリにならないと発想できない成果である。こうした創作活動を繰り返すことによって、作家特有の思考回路が形成されるはずだ。

「経営者の思考回路」も同様、火事場の馬鹿力が生み出すケースが多いものだ。過酷な試練を経験した者にのみ、「経営者の思考回路」を手に入れることができる。言葉を変えると、「経営者として一皮剝ける」という表現があるが、修羅場を潜り抜けることでしか、「経営者の思考回路」は産まれない。

このような経験を繰り返し、「経営者の思考回路」が頭の中に定着し、経営課題に対して瞬時に解決策が頭に浮かぶ（状況をインプットし、順次にシミレーションしアウトプットできる）ようになれば、「熱き経営者」に近づいたといえるだろう。

本書の「熱き経営者」たちは、20代、30代の起業者、事業承継・第二創業者として幾度となく試練を克服する中で「経営者の思考回路」を形成して、定着させ経営者として一皮剥けたものと推察する。

5 経営者を支援する「経営者の人的ネットワーク（人脈）」

ビジネス界においては、「何（What）を知っているかよりも誰(Who)を知っているかが重要である」と、人脈の重要性が指摘されている。人脈は、誰にでも形成できるものでなく、他者から関係性を作りたいと思われるような魅力的な人物、価値観を共有でき信頼できる人物でないことには形成できない。人脈は作ろうと思っても簡単にはできないのである。

ではどうすれば人脈を形成することができるか。まずは経営者自身の魅力を高める必要があるだろう。本書の「熱き経営者」らは、早朝・深夜に自分の時間を確保し自己研鑽していた。会社の事業の成長だけでなく、個人的な魅力の向上へのたゆまぬ努力を怠っていない。

また、自身の魅力を相手に知ってもらわないことには始まらない。様々な集まりにいき、オープンマインドを持って積極的に参加し、意見交換を行うことが必要である。

本書で紹介する「熱き経営者」たちの物語から、経営者としてのマインドや具体的行動、ビジネス創出のアイデアを感じ取っていただき、読者の皆様のビジネス、生き方に何らかの参考を得てもらえれば幸いである。

2016年9月1日

日本工業大学専門職大学院　技術経営研究科
研究科長　小田恭市

ケーススタディで学ぶ　起業と第二創業◎目次

はじめに

1 中堅・中小企業を取り巻く、経営環境 4
2 経営者たちの特長 6
3 起業者・後継者が「熱き経営者」になれた理由 11
4 経営者ならではの「思考回路」 13
5 経営者を支援する「経営者の人的ネットワーク（人脈）」 15

日本で起業した中国青年の経営物語

USTRON株式会社

1 日本で起業したグローバル企業「USTRON（アストロン）」 26
2 成長に導いた独特のビジネスモデル 36
3 陳社長の太っ腹経営論 47

株式会社クリエゾン

2度目の創業でグローバルニッチNO.1企業へ

1 成功、挫折、再チャレンジ 58
2 一流の技術者、一流の会社の懸け橋となる 70
3 世の中にないものを追及。社員が働いてよかったと思える会社に 78

株式会社マイテック

モバイル文化創造の追求

1 三多摩の伝説の営業マン 86
2 訪問営業から卸、そして店舗小売業へ 90
3 差別化は顧客満足度 95
4 利益を生む源泉は人 101
5 モバイル文化の創造企業へ 106

株式会社ラインワークス

「運命の出会い」を次世代につなげる

1　経営者は社会貢献をして、初めて一人前になれる　112
2　「逃げるな」。恩人・坂戸社長の教え　118
3　自社製品を作り、未来工場を創造する　122
4　中国から見た日本の溶接技術　130
5　次世代経営者、業界、自社のために　135

株式会社ワークコスモ

15年計画で進める、娘への事業承継、父の第二創業

1　娘への事業承継。父の第二創業　144
2　悪ガキからカリスマ経営者へ。その軌跡　152
3　あらためて考えた、自社の強み。承継すべきこと、チャレンジすること　161

株式会社ヒバラコーポレーション

日本初コンサルティング型工業塗装

1「コンサルティング型工業塗装」という新業態を作った男 172
2 ITを使わなければじり貧になる 179
3 IoT型塗装工場運営ビジネスというビジネスモデル 185
4 MOTの学びと父の教え 194

株式会社住田光学ガラス

国内外からオファーが殺到する「光の駆け込み寺」

1「自由に、自在に、しなやかに」 202
2 学びをビジネスに直結させる 209
3 住田光学ガラス式経営をするために 220

学校法人明泉学園
学校法人明泉学園の新価値創造戦略
1 事業継承者としての学びと目覚め 230
2 明泉学園の新価値創造戦略 246
おわりに 268
編集後記 272

陳 本栄

USTRON株式会社　代表取締役

日本で起業した中国青年の経営物語

薄膜材料で成長を続ける華僑的ビジネス手法

COMPANY PROFILE

法人名　USTRON株式会社
事業内容　石英ガラス、光学薄膜材料、導電膜材料、真空装置関連部品、光学ガラス部品の製造・販売
創立　1994年3月
設立　1998年4月
所在地　東京都台東区

1 日本で起業したグローバル企業「USTRON（アストロン）」

■スマートフォンの強化膜に採用

ＵＳＴＲＯＮ株式会社は、光学薄膜材料と光学部品加工並びに石英硝子加工を主力とする企業で、東京・台東区に本社を置き、中国福建省と上海に3つの関連工場を持つ。Ａ社製品をはじめとするスマートフォンやタブレットのガラス基板の耐久性、耐摩耗性等を大きく向上させる機能膜材料の供給で近年頭角を現してきた。

薄膜材料（機能性薄膜）は私たちの生活において様々な分野で利用されている。たとえば、メガネの反射防止膜やタッチパネルの透明導電膜といった身近なものから、光ファイバー高速通信用の多層膜フィルターのような集積デバイスの小型部品まで多岐に渡る。ガラスやプラスチック、金属といった様々な基材に薄膜をコーティングすることで、製品の機能を高め、生活をより快適にしているのが機能性薄膜なのであ

事業内容と製品応用分野

自社成長に支える主力３事業

光学薄膜材料事業 → 真空蒸着に使用される各種酸化物、フッ化物、硫化物及び純金属高純度蒸着材料を製造・販売事業。

光学部品加工事業 → 各種光学プリズム、レンズ、フィルター、ファイバー固定部品、光学薄膜部品などの研磨・薄膜加工事業。

石英硝子加工事業 → 半導体、太陽光、LED、真空、光ファイバー、電子化学工業領域など向け精密石英硝子部品加工事業。

製品主な応用分野

1
硬質 AR
スマホやタブレットガラス基板の耐久性、耐摩耗性を大きく向上させる機能膜に用いられます。

2
各種プリズムや水晶波長板、屈折板（OLPF & IR Cut）デジカメラ、一眼レフ Filter）太陽光集光プリズム等

3
半導体製造プロセスには多くの耐酸性洗浄槽薬品処理や純水処理、エッチング工程用パーツ、太陽電池製造用、耐熱窓硝子等石英硝子が多く使われます。

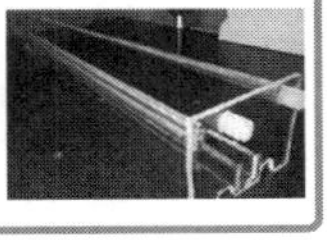

る。

用途例としては、スマートフォンやタブレットの表面汚れや指紋をつきにくくする防汚膜や、セキュリティ用途として人間の目には見えない赤外線を透過・遮断する赤外線フィルターなどがある。また、ＬＥＤ照明において物体をより自然な光で照らすための高演色フィルターといった、最新テクノロジーを支える様々なところにも機能性薄膜は利用されている。

ＵＳＴＲＯＮ社は、企画やマーケティング含め販売機能を担当し、中国工場が加工・製造を受け持つ。社員数は本社が10人弱、中国３工場が約４００人で、売上げのほぼ９割が中国マーケットである。

売上高43・８億円（２０１４年度）のうち、薄膜材料が51％を占め、石英硝子加工が29％、光学部品加工が16％を占めている。

主力の薄膜材料事業では、この５年間（２０１０年〜２０１４年）で、スマートフォン関連の売上げ割合が16％から55％へと伸び、逆に一般光学関連部品の売上げが78％から40％へとダウンしている。世界市場におけるスマートフォンの販売台数が、この５年間で約３倍になっていることとほぼ比例している。

事業家になりたくて日本へ

ＵＳＴＲＯＮ（アストロン）代表の陳本栄は中国・福建省の出身である。福建省は中国の東南海岸に位置しており、湾の多い海岸線は、その入り組みの激しさで、日本の海岸線によく似ている。岩性の岬が多く、背後には、内陸の西側の限界である高地が続く。そして丘陵と低い山々が特徴のある自然の景観を形作っている。地図で見ればわかる通り、福建省は海峡を挟んで目の前に台湾を控えている。

福建省は耕地が少なく海上貿易が盛んであったために、昔から海外に移住する者が少なくなかった。台湾の本省人や東南アジアの華僑の多くは福建省出身者の子孫であるといわれている。

また福建省には、ユネスコ世界遺産にも登録されている「福建土楼」がある。土楼とは、一族郎党が生活と防衛を兼ねて集団で住むための「外に閉じ、内に開いた」独特の伝統的構造建築物である。

福建土楼は別名「客家土楼」とも呼ばれている。客家は漢民族の中でも独特の言語と文化を保持した集団で、移住を繰り返してきた歴史がある。土地の所有が困難であったために、流通や商業、教育関係に人材を輩出し、華僑の多くは客家であるとされている。有名なところでは、孫文、鄧小平、リー・クアンユー、李登輝などが客家出身者として知られている。

陳も福建商人の血を受け継いでいる。陳の実家のすぐそばに「潭頭常税分関」という、約180年前に（公元1838年）建造された税関遺跡があり、陳の曾祖父は福建省と台湾との間の船会社を経営していたが、船が沈没してしまい、すべての財産を荷物の賠償のために失ってしまったのだという。父は国有企業などに勤めていたが、80年代頃に十数人の友人達と意気投合し夢を追いかけて起業して漁業類の冷凍冷蔵会社を興し、間接的に（当時は許可された一部国有企業のみ輸出入可能だった）日本向けのうなぎの輸出などを行っていた。

その父から、陳は5人兄弟の二男として生まれた。長男は現在ニューヨークにおり、三男がUSTRON本社で陳の片腕として、末弟は福建省の工場で技術責任者、義理兄弟（妹の旦那）も福建省の工場で総責任者として働いている。中国的なファミリービジネスの典型と言っていいだろう。

「アメリカの中華エリアに行けば、10人のうち3～4人は福建省出身者です。フィリピンやインドネシアなどの東南アジアもそうですね。子どもの頃に、海外から帰ってくるそうした華僑の人たちから話を聞くことが楽しみでした。日本と中国では何十年も経済の差があることもその頃から知っていました。海外に出て成功して、福建省に帰ってきて会社や工場を経営している人たちを見ていましたから、大人になったら自分も海外に出ていくというのは当然だと考えていました」

福建省人の海外志向、商売人志向は、陳にも流れており、彼のビジネスのユニークさはこうした背景に彼独自の考え方が加わったものとして理解すべきだろう。

自分で事業をやりたい　判子でスタート

陳は地元の高校を卒業すると、日本に渡り、日本語学校を出て最初は某大学の経済学部に入る。

「その当時、懇意にしていた弁護士の先生から、〝陳君、将来何をやりたいの？〟と聞かれて、〝会社を作って経営者になりたい〟と言ったところ、〝4年間の時間とお金をかけて大学に行かなくてもいいんじゃない〟と言われ、すぐに大学を辞めて専門学校に入り直して貿易の勉強をしたのです」

そして1994年、陳は専門学校を卒業する2週間前にさっそく日本人である友人と自分の会社「SUN&CORAL」を作る。

「専門学校を出ても、就職するのは難しかったので、やりたかった会社の経営を始めました」

最初は、福建省の名産である寿山石を使った判子のビジネスからスタートした。日本の中学や高校は、卒業生に記念品を贈るという慣習がある。そこに目をつけて、判子なら日本の10分の1のコストで作れると思い立ったのだ。

「卒業生は毎年尽きることなく出てきますし、いったん入ってさえしまえば、毎年リピートしてくれると踏んでいたのです。日本の学校をずいぶん回りましたが、ほとんど相手にしてもらえませんでした。すでに学校専門の業者が入っており、新参の訪問営業は歓迎されなかったのです」

陳は、方向転換してプラスチック原材料や電気製品や食品などを扱うようになる。何がビジネスの種になるか模索していたのだ。

「当時、私以外に社員が二人いました。外国人が日本で会社を作るに当たっては、日本人の社員を二人以上雇わなくてはいけないという条件があったからです。しかも給料は最低25万円以上と決められていました。父から送ってもらった1000万円の資本金はあっという間に消えていきました。最初の10か月間は自分自身の給料はゼロでした」

やがて、日本の新中古の電気製品（エアコンやテレビ）を香港にある貿易商社経由でベトナムに送るという人を紹介され、陳は日本の中古の電気製品を扱う業者を回って製品をコンテナに詰めて送り込み、ようやく一息つくことができた。

「そのときに実感したのは、いくら自分に自信があっても、売れないときは売れないということと、毎月出ていく固定費は極力削減しないと命取りになるということでした。その後、上海や福建省で工場や土地を買わないかという話があったときも、絶対に買わないで借りることから始めました」

顧客を掴まえてからメーカーに転身

陳は、1996年頃から、光学硝子やコーティングの材料などを扱うようになる。ある飲み会で装置メーカーの人間と隣り合ったのがきっかけであった。

「何をやっている人なのか聞きました。普通は、（装置メーカー？ フーン、接点がないな）で終わりなんでしょうが、何か商売のチャンスはないかとアンテナを張っていましたので、すぐに相手が求める原材料を聞きだして、翌日アクションを起こしました」

最初は商社的なスタンスで、材料を仕入れて顧客の発注に応えるという形をとっていたが、2000年に材料メーカーへと転身する。仕入れる立場だったのが、製造供給側に回ったのだ。

「最初は商社として、お客さんとメーカーの間をとりもっていましたが、これからは薄膜材料のマーケットが拡大するのは確実だと踏んだので、自分自身がメーカーになりました。そのときにはすでにお客さんをがっちりつかまえていましたから、リスクは少なかったのです」

商社としてしっかり顧客を確保したのちに、利幅の大きいメーカーにスライドした陳の会社は、目論見通りに瞬く間に成長軌道に乗る。

そして2003年には、社名をUSTRON（アストロン）に変更している。

「社名は元々あったオリジナルの製品ブランド名からとりました。意味は、US（我々、みんな）+TRON（器）で、〝みんなの器〟です。それと、アで始まってンで終わるからすべてが入っていることや、取引会社さんが、シンクロン、エプソン、ニコン、フジノン、タムロンなどみんな最後に「ン」がついていたので、運がつくだろうと考えました」

それまで陳は、上海と福建省に賃貸で工場を持っていたが、2006年自社で工場用地を購入し、ついに2009年に福建省の福州市に念願の自社工場を持つに至ったのである。

成長に導いた独特のビジネスモデル

蒸着装置メーカーと2人3脚のビジネスモデル

ガラスの表面へコーティング材を施すことを「成膜または蒸着」という。陳のビジネスはこのコーティング材（薄膜材）を蒸着装置メーカーに採用されることではじめて成り立つ。それによって、顧客から量産の依頼が入るのである。つまり、蒸着装置メーカーとの2人3脚の仕事となる。

「日本には元々優秀な光学部品や機器メーカーがたくさんあります。工場は海外にある企業も、R&D（研究開発）は日本で行っています。新しい製品が出るときに、日本で営業活動をすることで情報をいち早くキャッチできます。そこで試験の際に材料を提供することで、製品を量産時に受注することができます。他社よりも一歩先駆けてメーカーと接触を保つには、日本での営業活動が欠かせないのです」

2

顧客ありきのビジネスモデル

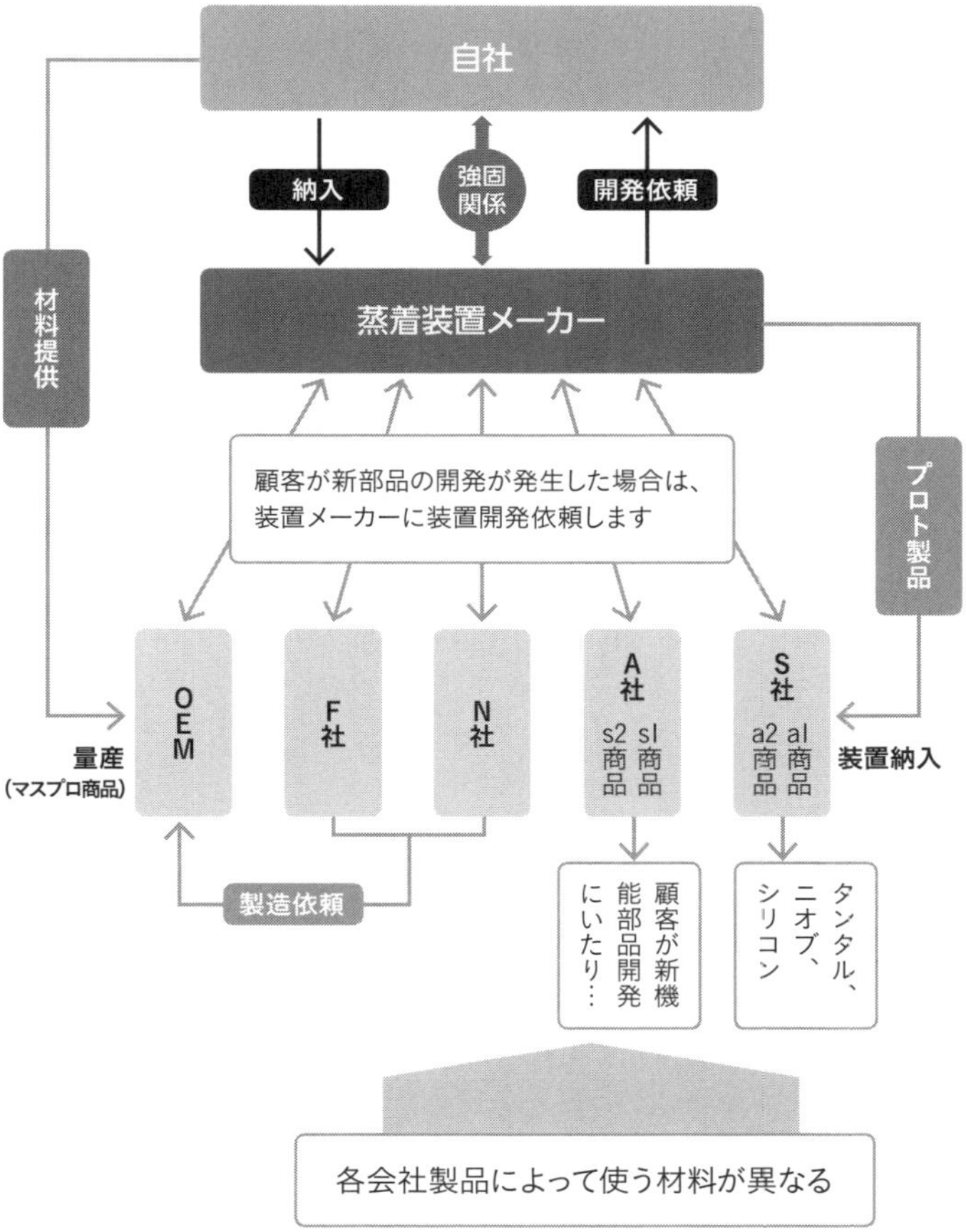

新製品が出るときには、蒸着装置メーカーは、事前に顧客（例えばA社など）にガラスコーティングの提案書（条件や性能評価など）を出さなくてはならない。蒸着装置メーカーから「今度の新製品に使いたいのだが、こういう性能材料がないか（もちろん顧客の最終的生産ランニングなどを含み、考慮のうえ）」と問い合わせが来ると、材料メーカーは材料を提供する。量産時には、試験データ通りの品質が求められるので、試験で材料を提供した材料メーカーが採用されることになることが多く、有利となる。

つまり、蒸着装置メーカーといかに強固な関係を作ることができるか、そこに営業の生命線がかかっている。

「うちがA社に営業に行かなくても（行っても相手にされないでしょうし、もちろん入り込むルートもない）、懇意にしている装置メーカーが採用されれば、A社から必然的に量産依頼が来るのです」

数ある材料メーカーからなぜアストロンが蒸着装置メーカーから指名されるのか。

「うちより大きな薄膜材料メーカーはいくつかあります。ブランドや品質の信頼性ではそこにはかないませんが、コストと納期では負けません。そこが中小企業の強みでもあります。蒸着装置メーカーは日々試行錯誤していますから、〇〇を明日持ってきてほしいと言われたときに、すぐに対応できる方が採用してもらえるのです」

「これまで、新規取引の7割は蒸着装置メーカーからの紹介です。いい材料屋さんがあるから使ってみてよ、と蒸着装置メーカーが顧客を開拓してくれるので、ありがたいことです。最近になってようやくブランド力も上がってきて、飛び込みで営業に行っても相手にしてもらえるようになりました」

本人は多くを語らないが、実は蒸着装置メーカーとの関係作りは、陳の人間力によるところが大きいようだ。

日本に渡ってきた10代の頃から、陳は日本の年配の経営者や保証人弁護士らから、ことあるごとにアドバイスをもらっている。陳には、この若者をなんとかしてあげようと思わせる独特のオーラがあるようである。

どんなに調子がよくても波がくる
元気なときこそ新しい種を

光学薄膜の分野は、実は縮小傾向にある。スマートフォンの市場は元気だが、カメラなどの光学機械は、売上げが不振であるのに加えて、小型化が進んで、薄膜材料のニーズが伸びないのだ。

陳は薄膜材料事業だけでも、現状で5つの課題があるという。

「いっとき、学校用のプロジェクターがものすごく売れた時期がありました。パソコンにつなないで映せるということで需要が高まったのですが、一巡してしまったので、いまはさっぱりです。いま需要があるのは監視カメラで世界的に売れていますが、これもしばらくすれば落ち着くでしょう。波は来たら去るものと考えておかねばなりません。なにか一つの製品に頼ってしまうのはリスクが大きいのです」

陳は、スマートフォン分野で売上げがピークに来るのはまだ先だと見ているが、

薄膜材料事業の現状課題分析とその対策

自社成長に支える主力3事業

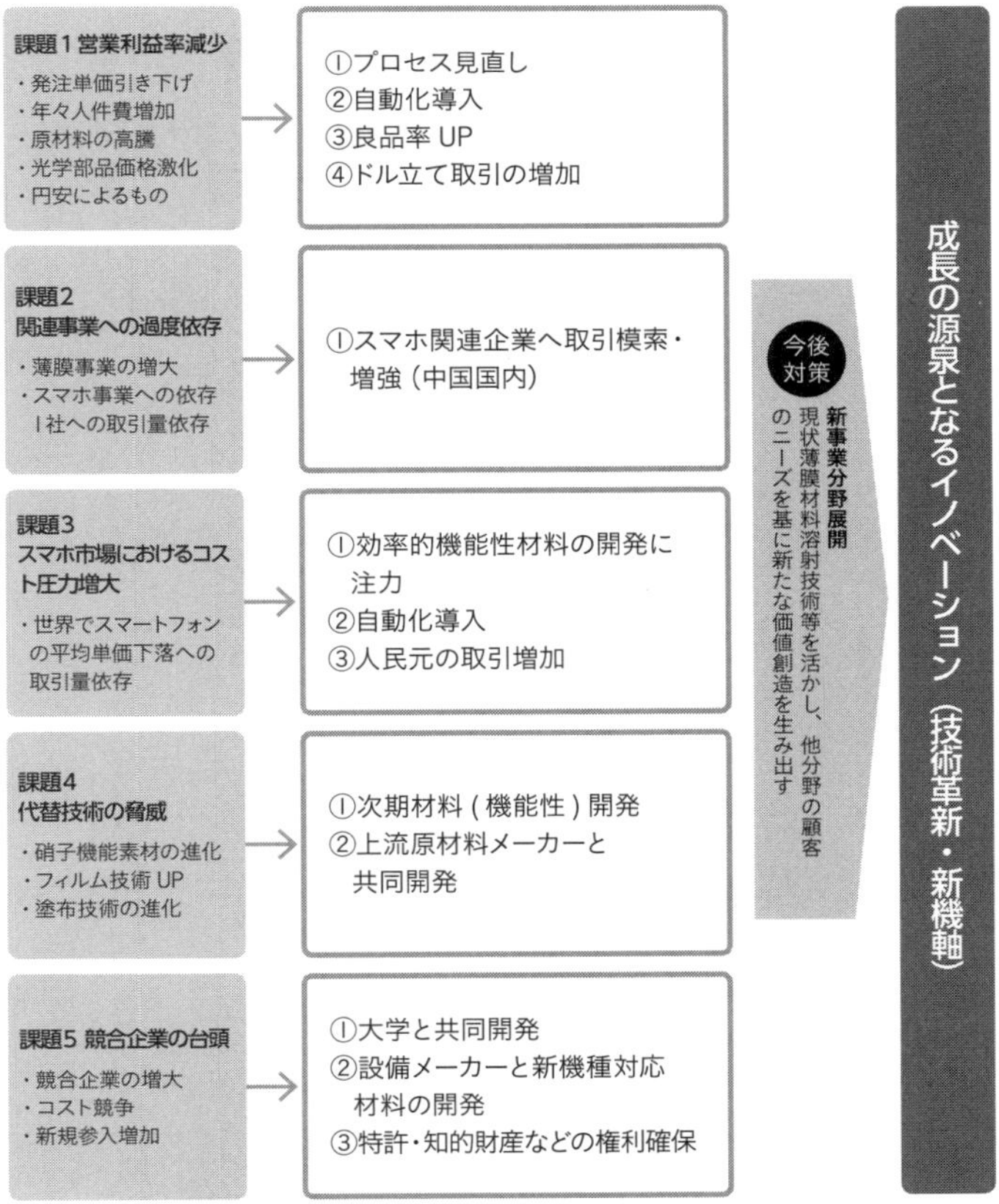

ピークが来る前に次の柱となる事業を走らせておかなければならないと考えている。

光学から車のフロントガラス・建築LOW-E硝子・太陽光パネル、液晶タッチパネルへの転用

陳は、現在の主力であるスマートフォン・タブレット分野の拡張とともに、次の柱となるべき新規事業にも着々と手を打っている。それがSWOT分析から浮かび上がってきた、4つの分野（①建築LOW-E硝子、②車のフロント硝子、③液晶タッチパネル、④太陽光パネル）である。

この分野の中国での市場規模と需要見通しを表したのが次の表である。

この4分野に共通するのは、「環境保全等に対する世界的な意識の高まり」である。長期的に見て、自然エネルギーの需要が増すこと、人と環境に優しい商品へのニーズが高まることを見越しているのだ。

建築LOW-E硝子は、省エネまた遮熱と断熱効果で、快適な室内環境の保持でより快適な暮らしに貢献、また光熱費を抑えることが可能になる。車のフロント硝子も

同様に、紫外線を抑える効果や直射日光による車内温度を上がりにくくし、エアコンの効きをよりよくする効果があり、これにより、車内エアコンの設定温度下がり燃料使用が少なくなり排出ガスも削減される。現在の高級車から一般車にまで求められてくる製品だ。

太陽光パネルは言わずもがなであるが、今後は変換効率を大幅に改良できる可能性があり、発電コストも安くなるため、主流になると期待されている。液晶タッチパネルはフィルム基材を用いた透明導電性薄膜においてモバイル機器、銀行のＡＴＭや券発売機などの、その透明性・耐熱性や視認性及び導電性薄膜の耐擦傷性や汚れ防止の

中国における市場規模

市場規模	市場規模（万㎡）		伸び率（倍率）	伸び率（%）	需要見通し（万㎡）
	2009 年	2014 年	5年間合計	年平均	2020 年
	(A)	(B)	B / A	複利計算	
①建築 LOW-E 硝子	1,520	4,430	2.91	23.80%	15,971 ～ 21,352
薄膜材料（億円）	35	120	3.42	27.90%	300 億円
②車フロント硝子	110	380	3.45	28.10%	1,683
薄膜材料（億円）	10	20	2	14.80%	46 億円
③タッチパネル	134	256	1.91	13.80%	556
薄膜材料（億円）	105	250	2.38	18.90%	708 億円
④太陽光パネル	380	920	2.42	19.30%	2,656
薄膜材料（億円）	68	165	2.43	19.30%	478 億円

出所：中国建材

効果に用いている。

この４分野を自社の次代の柱と捉え、10年計画に落とし込んだのが下の図である。

自社の既存の技術・設備・人材とマーケットの需要を照らし合わせて、建築ＬＯＷ－Ｅ硝子が現時点で取り組むには最も可能性が高いと判断している。

情報はそれを必要とする人と共有することで価値が生まれる

陳は常々、「次のことを考えていないと生き残れない」と口にしている。成功に甘んじることこそがリスクであると認識して

展開ステージ

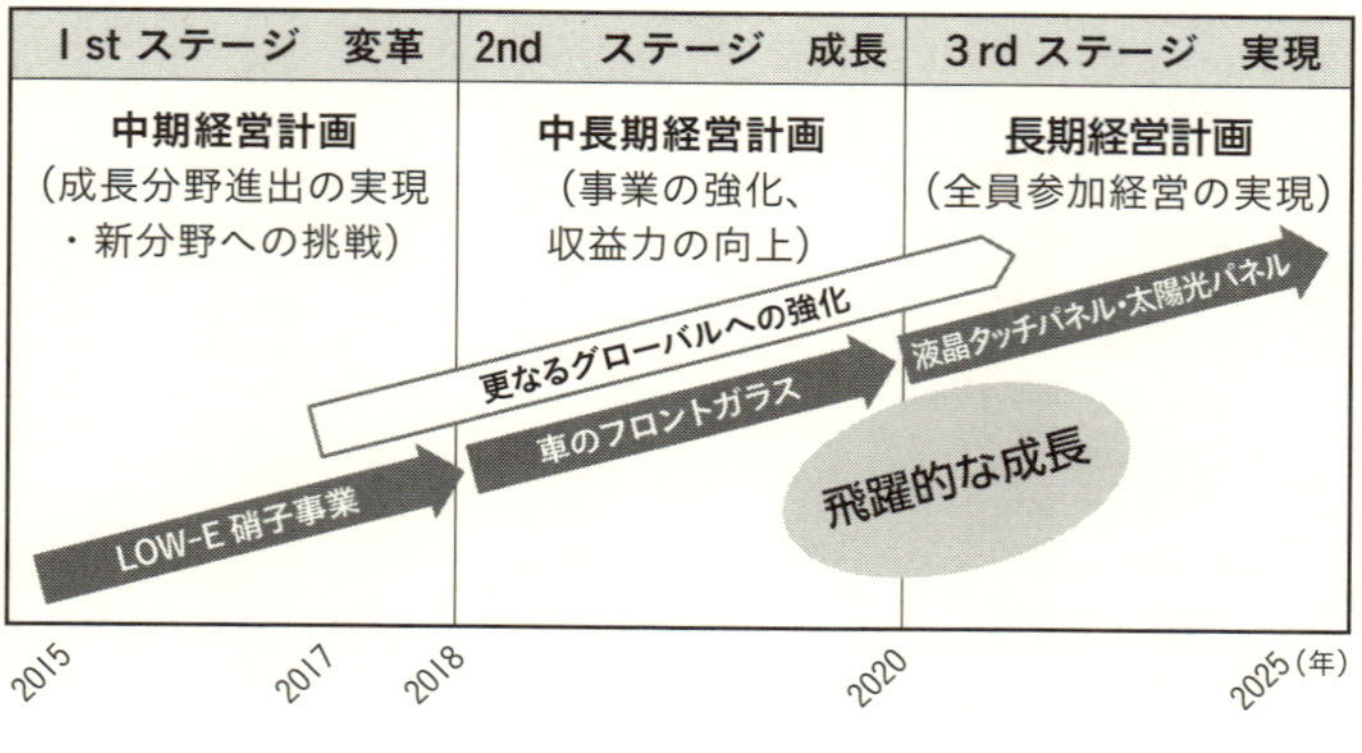

いるのだ。日本工大でのＭＯＴ受講もその危機意識の一環であるという。

「インターネットで探して、自分に向いているとピンときました。私は専門学校卒業と同時に会社を作っていますから、サラリーマンの経験がありません。チームで働いた経験がないのです。会社が小さいときには、口で言えば社員は理解してくれましたが、大きくなるにつれて、マネジメントの大切さを痛感して、ここで経営を学び直したいと思いました」

ここでもまた陳はネットワークを広げている。旧知の経営者が仕事のパートナーを探していたので、ＭＯＴの同級生を紹介したのだ。

「世界の省エネルギー企業と積極的に関わりたい」と語る。

「自分の情報も抱えたままでは価値がないと思うのです。そこにとどまっていたら、その情報は死んだも同然です。情報はそれを必要とする人と共有することで価値が生まれると思っています」

陳社長の太っ腹経営論

3

友人と鉱山を買って失敗

薄膜材料の商社からメーカーへと、順調に歩を進めてきたかのような陳の歩みだが、実はその間にもいろいろな商売に手を出している。

一時は福建省に1キロ四方の山を（採石権利）買ったこともある。知人から台湾新幹線敷設の話を聞かされて、レールを敷くには大量の砕石が必要になるだろうと、山を購入したのだ。ダイナマイトの使用許可（特殊行業）までとったのだが、結局は台湾で交渉する人間を見つけられずに夢に終わってしまった。

「チャンスが来たときに、それにふさわしい人が現れなかったんですね」と陳は振り返る。発想自体が間違いであったとは微塵も考えないところが陳らしいといえる。結局、鉱山は政府に返している。

また、友人と公園や道路を作る緑化事業やオークション会社（特殊行業）、病院にテレビを売るビジネスや幼稚園の経営なども手掛けている。これらは、いまではすべて他人に任せた状態にある。自分で思いついて事業を始めるが、それを経営するのにふさわしい人がいたら任せてしまうというのが、陳のやり方なのである。

「新しいビジネスを探し出して、人にやってもらうのが好きなのです。自分で何もかもやるのは無理ですからね」

人に任せたらとことん信用する

1999年末に陳は上海に工場を借りる。石英リングの製造工場である。といっても、人がいないので、取引先工場（国営企業）で担当していた（製造分工場）工場長と営業部長（副工場長相当職）をスカウトして雇うことにした。

しばらくして工場は軌道に乗ったが、上海から送られてくる経理帳簿に腑に落ちないものを感じた陳は、福建省の審計庁会計検査員に監査を依頼した。

「上海に向かう飛行機の中で、彼から聞かれました。〝陳さん、何万元だったら許せるの？〟一瞬なんのことだか分らなかったのですが、要するに、私がスカウトした人たちが不正（違法ではない）を働いていたとして、どの金額までなら許せるのかと聞いてきたのです。私は見栄を張って、〝50万元までなら許せる〟と答えました。すると彼は、〝だったら陳さん、わざわざ見に行く必要はないよ。上海に行ったら一泊して帰りましょう〟と言ったのです」

会計検査員が言いたかったのは、どうせ許すつもりだったら、帳簿をひっくり返して相手を信用していない態度を示すのは得策ではないということだ。

「あのとき、会計監査をしていたらあの工場はとっくになくなっていたでしょうね。任せると決めたからにはリスクも承知で任せるしかないんです。彼らはその後の何年間で売上げを何倍にもしてくれました。それはこの会社は自分たちが経営しているんだというモチベーションがあったからなんです」

この工場に限らず、陳は、自分で投資した会社を他人に任せたら、あとはその人を信用して基本的に口出しをしないという方針を貫いている。なぜそこまで人を信用できるのか。

「人を信用しなければ、人からも信用されないでしょう。自分が信用していないのに、相手には信用してくださいなんて言えないじゃないですか」

陳の態度が示しているのは、資本と経営の健全な分離である。日本の場合、中小企業はおろか大企業ですらも、資本家は経営者を信頼せずにルールばかり決めてしまう。そして経営者はルールを守ることが仕事だと勘違いしてしまうケースがいかに多いことか。

ビジネスの成功は人材とセットでやってくる

陳は、病院のプリペイドテレビにも挑戦している。日本の病院やビジネスホテルで一般的であった、プリペイドカードを買ってテレビを見るというシステムを、福建省の大きな病院に設置したのだが、時期尚早でうまくいかなかった。

「チャンスがあったらすぐやる。ダメならすぐ撤退する。どんなに自信があっても失敗するときは失敗します。そのときには、絶対に引きずらないことです」

この割り切り方は、衰退するマーケットにこれしかないとしがみついて沈没する日本の中小企業とは対極的なセンスである。

ビジネスを成功させる秘訣は、一にも二にもそれを任せられるふさわしい人材がいるかどうかにかかっているという。

「成功したビジネスは、経営者がそのビジネスが成功するようにと時間を割いているからです。失敗したのは、中途半端に私が手を出したり、ふさわしくない人に経営を任せたからです。ふさわしくない人というのは、能力云々ではなくて、１００％その仕事に向き合える人を選ばなかったということです。経験はもちろん大事ですが、このビジネスを自分が絶対に成功させてやるぞという情熱の方が必要だと思います」

人脈は経営資源　年間５００人と会って50人と食事する

陳の経営者としての最大の強みはネットワーク作りが上手いということである。華僑は世界中にネットワークを構築して、情報交換を行っているが、これに似たところがある。

「自分が結婚式をしたときに、お客様を80人呼んだのですが、そのうちの70％が50代以上でした。普通は同年代の友人が多いんでしょうが、なぜか私は年配の方に好かれるのです。そうした先輩方に次から次へと人を紹介してもらって、仕事の輪を広げてきたのです」

陳は、驚くべきことに年間500人と会って、そのうちの50人とは食事まで共にする。これも実は意識的に行っていることなのだ。

「食事をした50人のうち、何人かとは仕事を一緒にします。その50人と出会うためには、母数として500人ぐらいは必要です。確率の問題です。誰かと親しくなるということは、その人のネットワークに入れるということ。そのネットワークを通じてまた、誰かと出会う。私にとって、ビジネスチャンスとは、ビジネスをもたらしてくれる誰かと出会うことなのです」

「人間関係」とか「人付き合い」は、あいまいな言葉として受け取られがちだが、陳の中では、形の見える経営資源として捉えていることがうかがえる。

競合ではなく同業、壁を作るよりも手を繋ぐ

陳の発想はきわめてフレキシブルで示唆に富んでいる。競合他社ですら、陳にとっては手を組むべき相手に見えてくるのだ。

「展示会などで一緒になったときに、〝あそこはライバルだから〟と言ってしまった

ら、自ら壁を作るようなものです。私は、競合ではなく同業と捉えています。同業者同士なら有意義な情報交換ができるではないですか。強みと弱みを補完しあって新しいことができる可能性が出てくるんです」

実際、展示会で知り合った大手薄膜材メーカーの部長に声を掛けたところ、中国の陳の工場まで見学に来たという。

先日も展示会で名刺交換をした大手薄膜材メーカーの社長に「競合と考えないで同業と考えてください。今度、会社を訪問させてください」とメールを送ったところ、すぐに招きの返事が来て、一日、社長自らが工場見学に立ち会ってくれ、最後には「何か一緒に仕事をしましょう」とまで言ってくれたのだった。

「大手さんは大手さんで、やれないこともある。お互いにメリットのあることなら、どんどん手を組もうと思っています」

知恵は運命を変えられる

陳の座右の銘は「知識は運命を変えることはできない　知恵は運命を変えられる」

というもの。知識とは、本に書いてあったり人から教えられることである。翻って知恵とは、現実への対処から学んで自分自身で察知して獲得するものである。いくら頭の中で知識が増えても、現実は微動だにしない。

「たとえ地図に正しい行き方が書いてあったとしても、もっと近道で行ける方法はないか、最短のルートはないかと探す、それを見つけるのが知恵だと思うんです」

「チャンスは誰にでも平等に与えられているのだと思います。それをチャンスだと感知するかしないかの違いだけで。自分は何でも、これはチャンスだと考えて新しいことに突っ走ってしまう傾向があるのですが、実際には自分ですべてはできないし、やると失敗する可能性も大きいので、それにふさわしい人材が現れるかどうかなんです。チャンスは人材とセットになって、初めて本当のチャンスになるのだと思います」

陳は現在、中国の成膜材料法人会社中国版ナスダック（創業板）でのＩＰＯ準備を終え、1～2年後の公開を目指している。

株式会社クリエゾン　代表取締役社長

佐藤英児

2度目の創業で
グローバルニッチ
NO. 1企業へ

競争しない、大きくならない会社を目指す独創経営

COMPANY PROFILE

法人名　株式会社クリエゾン
事業内容　電子部品製造装置、半導体製造装置の開発・設計・製造・販売・輸出入代行など
法人設立　2013年
所在地　東京都豊島区

写真右から2番目：佐藤英児

成功、挫折、再チャレンジ

世界最小のセラミックコンデンサ

調査会社 Trend Force が発表した、2015年の世界のスマートフォンメーカー別出荷台数によると、トータルでは12億9270万台で、市場シェアは1位がサムソン、2位がアップルで、10位以内に日本のメーカーの名前はない。

しかしこれを、部品供給の視点で見るとまったく様相が変わってくる。1台につき約1000点もの部品で構成されていると言われているスマートフォンだが、実はその主要な部品の大半が日本製なのだ。

小型モーターやコンデンサ、液晶パネルなどは日本の電子部品メーカーが供給しており、技術大国日本の面目は、こうした極小・高機能部品によって保たれている。

ことに、携帯や車に搭載されるセラミックコンデンサは、世界市場の約8割を日本メーカーが占めている。その中でも、アップルウォッチやグーグルグラスに搭載されている世界最小のコンデンサの外部電極塗布を技術的に可能にしているのが株式会社

1

セラコンの次世代トレンド　超小型製品の開発が大命題

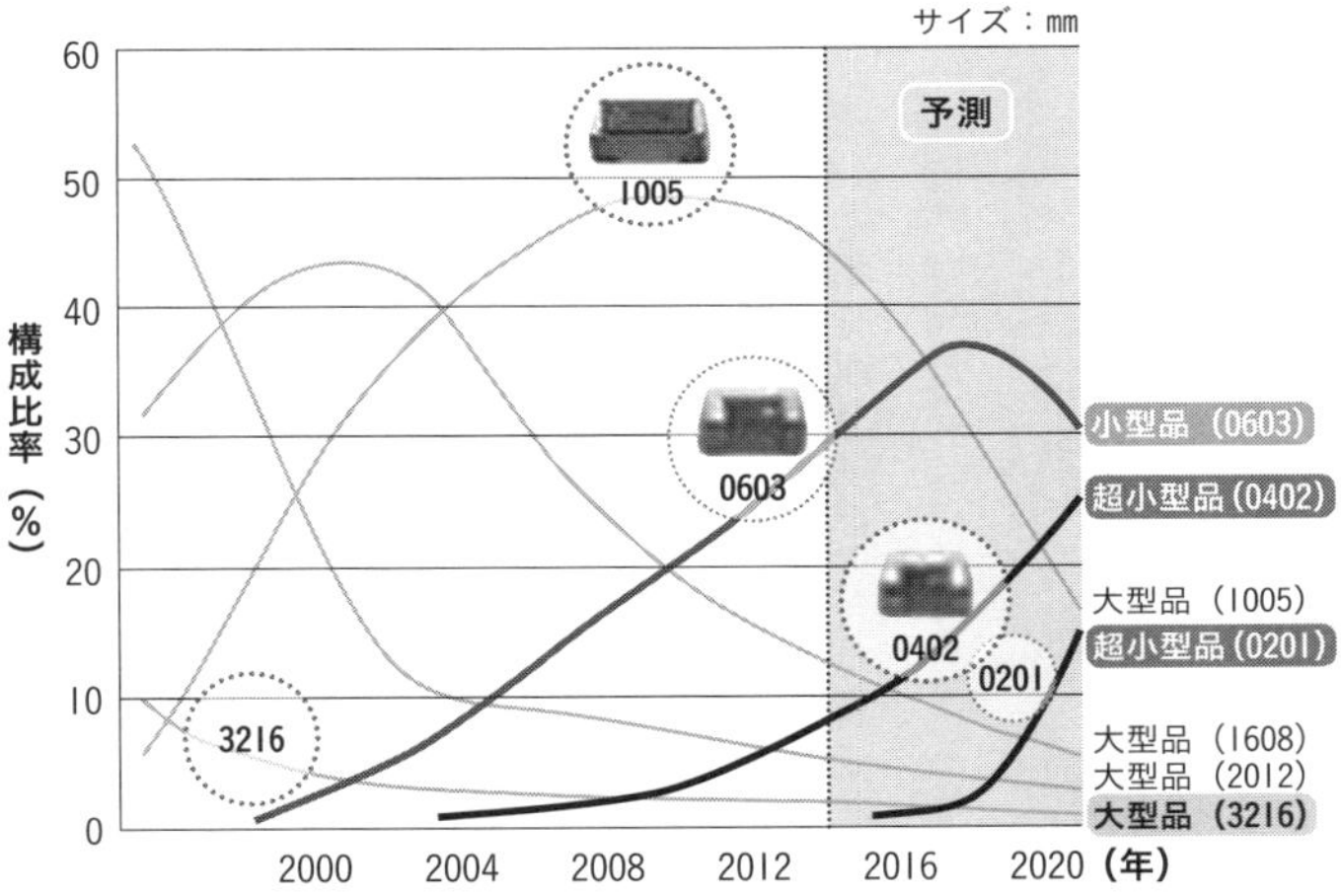

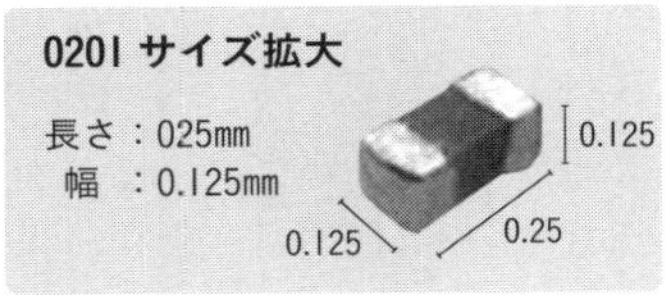

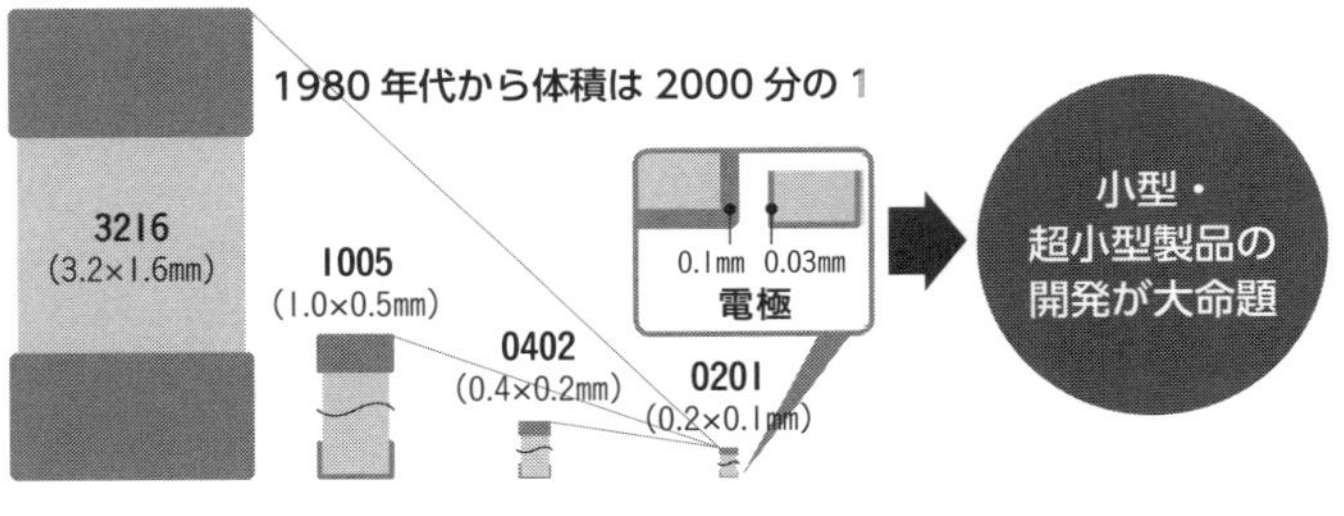

クリエゾンである。

クリエゾンは、代表を務める佐藤英児が２０１３年に起業したばかりの社員32名という小さな企業だが、すでに昨期は売上げが３億円、今期は６億円強、来期は10億円を超える見込みで、高い成長を実現している。

実は佐藤にとってクリエゾンの起ち上げは人生で2度目の起業になる。１度目の起業では、社員ゼロから、最盛期で売上げ１７０億円の上場企業にまで育て上げたが、とある事件で手放してしまったという経緯がある。

日本工大在学中に再チャレンジを決心してはじめたのが、クリエゾンなのである。

現在クリエゾンは、大きく分けて３つの事業を展開している。先に挙げたセラミックコンデンサ（外部電極）塗布装置の開発や受託、ペットボトルなどの成膜加工に使われる成膜装置の開発と受託、装置製造と部品加工である。

長岡という土壌で芽吹いた事業への夢

佐藤は新潟県長岡市で生まれ育った。中越地方の中核都市である長岡は、明治時代より機械産業が発達し、現在でも精密機械や工業機械の企業が数多く存在している。また、米どころということもあり、米菓を中心とした菓子製造も盛んである。

他の地方都市には見られない特筆すべきこととして、三つの大学（国立長岡技術科学大学、県立長岡造形大学、私立長岡大学）と高専（国立長岡工業高等専門学校）が存在することが挙げられる。工業系の優秀な人材を数多く輩出し、今日の長岡の製造業を支えているのだ。佐藤もまた、こうした長岡の風土の中で育ち、自分の将来を見据えていた一人である。起業の原点について佐藤はこう語る。

「長岡には工作機械の文化があって、父親も団子の製造機械を作っていました。小学生のときに、家の軒先で串に刺された団子がごろごろ出てくる機械を見て感動して、そのときに将来は機械を作ってみたいと決心しました。同時に、自分で会社を作って一国一城の経営者になることも考えていました」

他にはない技術をもってして、事業家として成功したいという夢を描いていたのである。

佐藤は23歳で早くも夢の実現に向けて一歩を踏み出す。株式会社プロデュースを一人で起ち上げたのだ。1度目の起業である。

「資本金は全額借金で、経営資源と呼べるものは、人、もの、金……なにもありませんでした。社員ゼロ、お客さんすらいなかったのです。あったのは熱意のみ。だから、当初は妻と結婚したばかりでもあったので、食うために必死になって働きました」

工作機械製造の下請けとしてプロデュースはスタートする。機械装置の電装部である制御盤やソフトを作っていた。社員がいないので、自分一人でできる範囲のことからやるしかない。最初は工賃だけで一日数万円の仕事を受注し、そこから徐々に材料を調達して、購入品を調達して、キャッシュのまわる範囲で仕事を広げていった。赤字になると終わりなので、常に黒字前提の仕事の組み立て方を考えていったという。

しばらくして余裕が出てくると、佐藤は自己の夢を実現する方向に舵を切る。夢とは、下請けではなくメーカーになること。ただし、脱下請けのためには4年の歳月を要した。1996年、28歳のときに生涯の事業となるセラミックコンデンサと出会う。

「起業する前から、自分はメーカーになるんだという強い思いがありました。絶対に下請けで終わらないぞという思いで努力していたら、太陽誘電という世界第3位のメーカーさんからセラミックコンデンサの外部電極塗布装置の話をいただいたのです。ベタですが一生懸命努力すれば願いは叶うと実感しましたし、それはいまでも思っています。そのあとは、技術的な面でお客さんに育てていただきました」

絶頂から奈落へ

佐藤は、セラミックコンデンサを事業の柱にすると決めて研究開発に進んだが、そこからが苦しかった。

「お金を生み出さない研究開発をやりながら、一方ではお金を稼がなくてはなりません。夢を追いかけることと食べるための仕事を同時にやらなければならなかったのです。苦しかったけれど、夢がなければやっている意味はないと思って踏ん張りました」

夢と食べていくことの両立は、佐藤に言わせると、経営における短期と中・長期の視点についての経営バランスがあれば可能になるのだという。そしてそれを可能にしたのが佐藤のたぐい稀なビジネスセンスである。技術者としては一流だがビジネスのできない人はたくさんいる。逆にお金儲けは得意だが世の中に何も新しいものを生み出さない経営者もごまんといる。そんな中で、少年の頃から技術者としても事業家としても成功したいと考えていた佐藤には、「技術をお金にするセンス」が備わっていたのだ。

当時も現在も、佐藤の独特のビジネスセンスが優秀な技術者を引き寄せてきたと言って過言ではないだろう。

4年かけて開発したセラミックコンデンサ用の外部電極塗布装置が量産ベースに乗ってきたところで、太陽誘電をはじめ、村田製作所、ＴＤＫ、京セラ、サムソン、日本ケミコンなど、世界トップのチップメーカーとの取引が始まった。

「チップコンデンサがこれから伸びるかどうかは、これら企業のそのままお客さんであるアップルやサムソンなどの携帯電話メーカーの伸びを見て確信していました。その時点で、プロデュースの独創的な技術力が認められるようになり、仕事がどんどん来るようになりました。そこで、自分のやり方は間違っていない、まだまだ伸ばせると欲が出てきました。実際、会社は伸びていたので、実力を超えた部分で物事が進んでいることに気がつかなかったのです」

佐藤はまだその時点で30歳そこそこだったが、ベンチャーキャピタルによる直接金融に味をしめてしまった。金融機関などからお金を借りる間接金融は、型に嵌まった評価で額が決められてしまうが、直接金融ならば、技術の独創性や将来性に対してお金を出資してくれる。

「33歳のときに1億円の出資者が現れました。それからは堰を切ったように他の出資者が自分のお金を入れろと群がるようにきました。金がじゃぶじゃぶ余って、使わざるを得ないので、余計な人を雇ったり、余計な開発をしたり、いま思えば本当に無駄なことをやりはじめたのです」

37歳でジャスダックに上場。第三者割当もして、39歳のときには、資本金が48億5000万円に膨れ上がっていた。その当時、売上げは170億円で社員は400人超。

「上場のとき、ランの花が500鉢届いてランの専用の部屋を作ったぐらいです。地元の長岡でもヒーロー扱いですね。日に日に友人が増えて、親戚を名乗る人が3倍ぐらいになりました。学年が違うのに同級生という人まで現れました（笑）」

夢は実現したが、そこが頂点だった。

「株主第一ということを周りから言われて、四半期決算のときは上京して投資家回りをしていました。株主の声はとにかく〝儲けろ、早くやれ〟に収斂されていたので、それに耳を傾けざるを得ません。ベンチャーキャピタルからも人が入ってきて、実質的に会社を支配しているような状況でした」

ベンチャーキャピタルはどんどん管理の人間を入れた。上場時に経理の人間が3人だったのが、そこから3年経って25人に膨れ上がっていた。内部監査室とかマネジメントサポート室とかお金を生まないわけのわからない部署が増え、固定費が上がって、より数字を求められるという悪循環のなかで、佐藤は粉飾決算に手を染めてしまう。

2008年9月、40歳を目前に佐藤は逮捕された。

「証券等取引監視委員会が150人、一気にすべての拠点に家宅捜索に入りました。私の自宅にも10人来ました。裏帳簿があるはずだということで、娘のランドセルまで調べられたのです。強制捜査の後は、潮が引くように周囲から誰もいなくなりました。家に石が投げられたり、金返せと張り紙が貼られたり……。会社は民事再生になって、55万円の株価が3週間で1円になりました」

２０１０年に実刑判決が出て、佐藤は2年の刑期を務めることとなった。

もう一度、挑戦したい

佐藤は、刑務所に入って、自分が勘違いしていたことにはじめて気がついたのだという。

「それまでは、俺は悪くないと思っていたのです。刑務所では。自由も奪われて、考える時間だけが与えられます。自分と向き合わざるを得ない。聖書や論語を読んだり、手当り次第に５００冊を読んでいるうち、やっぱり自分が間違っていたことに気がつきました」

同時に、周囲の人間への感謝の気持ちもわいてきたという。

「てっきり離婚してくれと言われるかと思っていたのですが、奥さんが毎月面会に来てくれて心からありがたかったです。いまでも奥さんがストッパー役になってくれています。深く感謝しています。今回、2度目の起業のときも協力してくれることになって、いまも経理をやってくれています」

社員に対する思いも変わったという。

「上場する頃は、なんでも自分の思い通りになるので、社員をコマとして見ていたことに気がつきました。いまは社員を仲間として尊敬できていますが、以前にはそれがなかったのです」

出所した佐藤は、神保町の日本工大の玄関でＭＯＴのパンフレットに目を留める。

「その時点では、自分が今後の人生で何をすればいいのかまったくわかりませんでした。それ以前に自分がどこから来たのかさえわからず、自分を見失っていたのです。パンフレットを見て、理系のＭＢＡか、面白そうだなと思いました。何を学ぶというよりも、大学院に行って自分のやってきたことを再確認したいと思い、申し込みました」

佐藤は「第二創業コース」を選択した。「中小企業とイノベーション」「生産財マーケティング」「知財」の授業が勉強になったという。なにより、自分が何で失敗したのか、気づきを得ることができた。そして在学中に、クリエゾンを起ち上げる。

「本当は、自分の中ではやることを決めていたんだと思うのですが、なかなか一歩を踏み出せませんでした。同期の仲間や先生に起業に向けて背中を押してもらったのです。特定課題研究はセラミックコンデンサを題材にしたことで、自分は一生これでやっていこうと覚悟を決めました」

佐藤には、今度こそはという思いはあるが、「見返してやろう」とは思っていない。前社での反省から、永続できる会社、大きく展開するよりはある程度の規模で堅く経営していきたいと考えている。

一流の技術者、一流の会社の懸け橋となる

2

クリエゾンの3つのソリューションと3つの事業

クリエゾンは、顧客へのソリューションとして3つの分野を設定している。

1　塗布技術＝顧客へ最適な外部電極塗布ソリューションを提供

（電極塗布装置、電極マイクロプリント、電極形成受託サービス）

塗布技術におけるソリューションは、佐藤が生涯をかけて追究すると明言しているセラミックコンデンサの塗布を主力として、村田製作所、ＴＤＫ、太陽誘電、京セラ、サムソン、日本ケミコンなどが取引先となる最も重要な事業である。

2　成膜技術＝顧客に最適な成膜ソリューションを提供

（成膜塗布装置、成膜プロセス開発、成膜受託サービス）

ペットボトルのような樹脂に対するコーティングが主力である。例えば、ペットボトル入りのビールがないのは、ペットボトルのミクロの穴から気が抜けてしまうから。それが今後ガスが抜けないようなコーティング開発を研究している。佐藤は、この分野もこれからの自社の成長エンジンになると踏んでいる。

3　装置技術＝技術力と連携で顧客の求める精度に応える

（装置開発・製造、部品製作、レーザー彫刻、切断加工）

装置開発と部品加工が主になる。部品加工は新潟の拠点でやっている。部品加工は地域ごとに特色がある。佐藤は、日本全国の広域で各地域の部品加工会社とネットワークを作っていく構想を抱いている。既に国内では青森、山形、新潟、静岡、京都、大阪、高知、島根を始め台湾や韓国の加工メーカーさんとも連携をしているので、ゆくゆくは日本全国を始め世界中の加工屋さんとネットワークを作ってビジネスにしたいとも語る。


実はこの事業を立ち上げることが出来たのは日工大の大学院で1期先輩の株式会社

ラインワークスの田村修二社長と同期の山中政男部長の御尽力でクリエゾンに仕事を発注して頂いたことがきっかけだった。何の実績もないのに仕事を発注して頂き、ここまで数々の配慮を頂いていることに佐藤はいまでも深く感謝している。このようなことからも日工大の繋がりはこれからも大切にしていきたいと思っている。

塗布と成膜は、あるものに対してコーティングするという意味では似ているが、材料と方法論が違う。現在は、ソリューションごとにお客さんと業界を分けているが、今後は塗布技術を成膜のお客さんに提案するなど、技術の横展開としてクロスすることを目指していく方向性だ。

そしてそれぞれの分野で、以下の3つのビジネスを展開している。

1　製造事業　電子部品製造装置製作、半導体製造装置製作、工作・産業機械製作、機械加工部品製作

2　受託事業　電極形成塗布プロセス、電子ビーム蒸着プロセス、スプレー塗布プロ

セス

3 技術コンサル事業　表面観察・構造解析、化学分析・性質評価、電極形成プロセス開発、成膜プロセス開発

合理性を求めないで、拠点単位で自由に

クリエゾンは、それぞれの拠点の仕事をコンセプトで分けて、それぞれに「ことづくりセンター」「ものづくりセンター」「わざづくりセンター」と命名している。東京・駒込にあるのが「本社・東京ことづくりセンター」である。ここでは主に営業、マーケティングに人事と財務を担当している。お客さんとの出会いの場であり、クリエゾン全体の戦略作りを行う。戦術については各拠点に任せる形をとっている。

「すべての仕事には「こと＝ストーリー」があるし、人間が集って何かが生まれる喜びがあります。そのストーリーを社員には噛み締めてもらうことで仕事の満足感や達成感を味わって頂き、お客様には製品の価値として落とし込むのが僕らの仕事です。ことづくりセンターは一つにはお客さんとの接点の場となります」

品川には「東京わざづくりセンター」がある。わざづくりとは、要素研究やプロセス研究、装置開発といった目に見えない開発・研究を指し、ここが新しい技術を生み出す頭脳部分でもある。

新潟県の長岡には「ものづくりセンター」がある。長岡はもともと工作機械製造が盛んなところで、長岡で醸成された強みを活かし精度の高い部品加工を得意とする。ここでは、主に装置設計、製造を行っている。

拠点ごとに役割を分けたのはどういう意味があるのだろうか。

「『わざ』は全部品川に、『もの』はコスト面も考えて地方の長岡になり、『こと』はお客さんありきなので東京においています。研究開発をしている人の発想やリズム、仕事のやり方と、現場で物を作る人たちのそれとは違うんです。その違いをカルチャーの違いと言い換えてもいいのですが、それを拠点で仕切ってしまったのです。カルチャーは大事だから、画一性や合理性を求めずに、拠点単位で自由にやらせる方式をとっています」

佐藤は、カルチャーの違う部署を一律に管理するのではなく、拠点間が自発的にコミュニケーションをすることで会社が成り立つという考え方を持っている。

任せる、部下を信じることが経営者力であると信じているのだ。

クリエゾン＝創造への懸け橋

クリエゾンという社名には佐藤の思いが込められている。「create（創造する）」と「liaison／リエゾン（フランス語／架け橋、仲立ち）」である。

「創造への懸け橋の作り手になり、人・企業・モノ・コトの橋渡し役でありたいというコンセプトです。かつてのように「おれがおれが」と自らが前に出るのではなくて、人と人をつなぐ役になりたいという思いを込めています」

佐藤は自社のホームページでも、過去の出来事を隠してはいない。むしろ過去の反省を踏まえて、第2の創業ではこうありたいという思いがそこかしこにうかがえる。他社のホームページでは見られないユニークな文章があるので紹介しよう。

「私は過去の反省を生かし、健全な限界を率直に認めてネットワークの中で生かされ、得意な技術を持ち合い、市場を分かち合い、経営に気づきを与えあうことが自社の限られた保有リソースを最大限に活用することになり結果として健全な経営を育むと信じています。

私達クリエゾンは社名の由来にもある創造への架け橋の作り手として人と人との橋渡し役に徹して、第一にスタッフの自己実現のサポートをして、第二にお客様が求める製品・サービス・価値を時代にあわせて提供する為にも魅力のある存在でいることをここに誓います。」

顧客は大事であるが、それよりもスタッフの自己実現が大事だと明言する経営者はめったにいないのではなかろうか。

「お客様から託された製造業の使命を淡々と果たすだけでなく、スタッフが集い・協働するストーリーを「ことづくり」として仕事のプロセスも楽しみながら大切にしていきます。」

1．人間性の尊重人に優しく！人を大切に！弱者を最も大切に！

6．競争回避　競争しないことが成功の近道！奢るな・謙虚に！

8．ステップバイステップ何事も飛躍をしないで一段一段の積上げを大切に！

1の「弱者を大切に」は、第2の創業を始めるときに、かつて優しくした人だけが協力してくれたことから、人への接し方の大事さを痛感したのだという。

6の「競争しない」は、クリエゾンのレゾンデートルともいうべきコンセプトで、独創的な技術を持っていれば、常にライバルのいないマーケットでやっていけるという自信をも感じさせるモットーである。実際、塗布技術でも成膜技術でもクリエゾンは他社にはない技術で勝負しており、オンリーワンの存在といえる。

8の「飛躍しない」については、佐藤はこう語っている。

「会社も人も成長するけれども、規模の拡大は目指しません。マーケットに活かされているので、結果として大きくなることはあるかもしれませんが、無理をしない、背伸びをしないことは常に肝に銘じています」

3

世の中にないものを追及。社員が働いてよかったと思える会社に

クリエゾンに集った一流の技術者たち

佐藤の元には、自分の技術力で世の中に新しいものを生み出したいという意欲のある技術者が集っている。クリエゾンの心臓部である品川の「わざづくりセンター」で研究開発を行っている3人の技術者（全員、博士号を取得した技術を極めた人達です）に、佐藤とクリエゾンについて語ってもらった。「私がクリエゾンと関わっているのは、佐藤さんに素敵な製品をプレゼントしたいという思いから。クリエゾンといえば「これ」という技術なり商品を確立したい。世界で一つしかないものを目指しています」そう語るのはCTOの坂本仁志だ。

塗布技術を担当する宮澤誠は、

「技術がお金になることに興味があり、佐藤社長の元でやろうと思いました。いまは与えられた課題を解決することに注力しています。課題はどんどん出てきて、それに挑戦できるのが技術者冥利だと思っています。また、技術者もお客さんと直接会うのが大事で、お客さんが何に困っているのか、会って話さないとわかりません。お客さんに会うことでマーケット感覚が磨かれると思っています」と語る。

成膜技術を担当する石橋健一は、

「技術者なので、世の中にないものを追求してそれが提供できれば一番楽しいです。常に新しい技術を追いかけざるを得ないの

佐藤の発想力、経営力に有能な技術者が集まる。

で、大学との連携が非常に大事になってきます。先生のもとに通って情報を仕入れたり、学界に出席したりしてシーズの情報を持ちながら、お客さんに提案していくことが求められています」と語っている。

佐藤は、技術者である彼らに対するリスペクトを隠そうとはしない。

「私のメーカーとしての夢は、世界にないものを生み出していくこと。それに一流の技術者が共感して集まってくれたのです。自分のビジネスセンスと彼らの技術を掛け合わせて最高のものを社会に提供していきたいと思っています。独創性を保つには、我々の業界においてはプロセス研究が非常に大事です。プロセスについて知らないと価格決定権のイニシアティブを持てなく、下請けに成り下がってしまいます。塗布も成膜もプロセスをどのようにしていくか、材料や装置をどのように使うかがコストに跳ね返ってくるので、プロセス研究をおろそかにはできません」

塗布で世界一の商品を出したい

佐藤がクリエゾンで目指しているのは、セラミックコンデンサの外部電極塗布装置で世界一の商品を出すことである。

セラミックコンデンサは、現状、「超小型化・量産性・電極形状の改善」という課題があり、佐藤はクリエゾンが技術の優位性でこの課題を解決することで、ライバルのいないステージに到達できると考えている。超小型というニッチ市場での世界ナンバーワンを目指しているのだ。

経営面では、佐藤は規模の拡大を目指さないことを自分に課している。

「高収益で安全性の高い会社を目指します。30億円規模の売上げで営業利益は2～3割を毎年安定して出すことが出来る会社にしたいです。それには強い商品を作るしかありません。拠点間で切磋琢磨と協調しながら、組織自らが考えて拠点間コミュニケーションを図り全社として技術も財務もアウトプットを出していくのが理想です」

銀行から借り入れをしないことも自分に課した制約である。そこを追求していけば、無茶もできないし堅実な経営に行き着く。

佐藤は、23歳で一人で会社を立ち上げて、売上げが年商1000万円のときから170億円までのトップマネージメントを経験してきた。一から十まで社長がやる経営から、最後は自動操縦の経営まで、全部見てきた。全部社長がやらなければならない中小企業の大変さも分かるし、ダメさも分かるという。

「中小企業は、社長はいいけれど、社員が本当の意味での達成感がないといったことが多いような気がします。こう言う言い方は極端かもしれませんが、中小企業ほどに社員の不満が貯まりやすい傾向もあるので、クリエゾンでは、各々が自己実現ができるような会社を目指しています」

社員の自己実現にこだわる佐藤に、どんな会社にしたいか聞いたところ、こんな答えが返ってきた。

「社員がクリエゾンで働いてよかった、そう思える会社にしたいです」

グローバルニッチ　トップを目指す

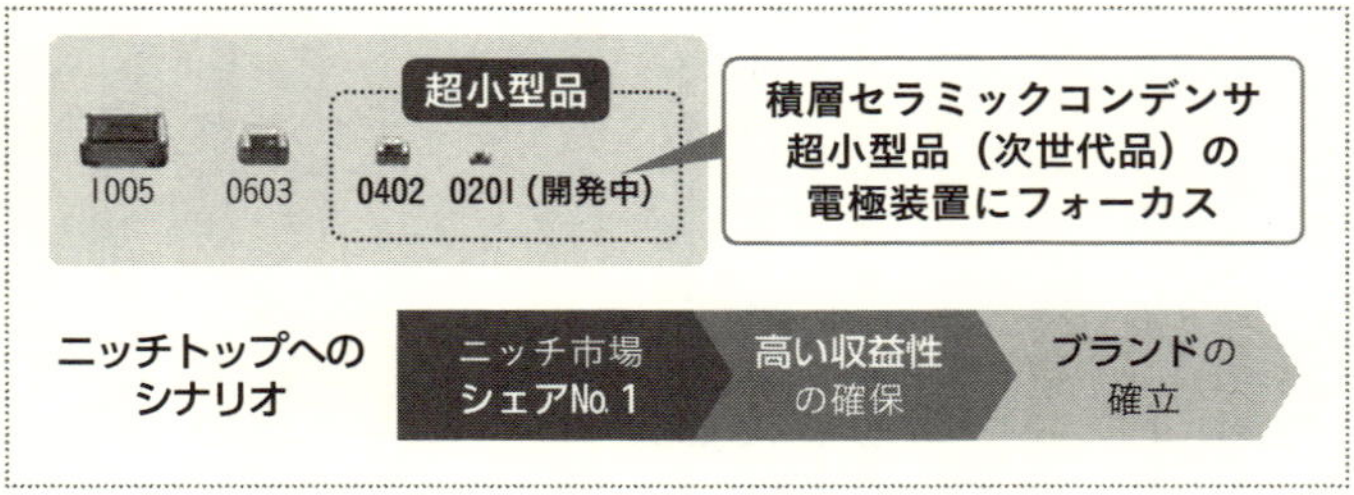

2020年東京オリンピック開催迄に
『超小型品向けの電極装置を席捲』して
電極装置シェア世界一を奪還します。

2度目の創業でグローバルニッチNo.1企業へ

株式会社マイテック　代表取締役

村上保裕

モバイル文化創造の追求

業界で独自のポジションを獲得した
モバイルショップの第2の創業

COMPANY PROFILE

法人名　株式会社マイテック
事業内容　携帯電話の販売・取次業務、及びメンテナンス、コンサルティング業務
法人設立　1987年
所在地　東京都府中市

三多摩の伝説の営業マン

売上げ100億円超のモバイル小売業者

1985年、この年、電電公社からの民営化を果たしたNTTは、日本初のポータブル電話機「ショルダーホン」を発売する。それから30年余、携帯電話は小型化と多機能化を繰り返し、スマートフォン全盛の現在に至っている。パーソナル・デバイスとしてのモバイルツールは、インターネットに接続することによって新たなサービスが続々と誕生し、世界中の人々の意識や生活スタイルを確実に変化させてきた。

この情報通信技術の発達と大衆化にぴったりと寄り添い、その波に乗るようにして業容を拡大してきたのが、村上保裕率いるマイテックグループである。

中核会社である株式会社マイテックは東京・府中市に本社を構え、三多摩地区を中心として一都二県にドコモショップ、ａｕショップ、ソフトバンクショップの代理店として、合わせて40店舗のモバイルショップを展開している。

100％子会社として株式会社デジタルマーケット（ワイモバイルショップ）、株

1

式会社人財フロンティア（人材派遣業）、株式会社フリック＆タップ（アフィリエイト事業）、ソリューションアライブ・ネットワークス株式会社（ＶＯＤ事業）を持つ。グループ全体で従業員３５６人（うち正社員２２４人・派遣・アルバイト社員１３２人）を擁し、２０１５年５月期のグループ売上高は１１１億６２００万円を数える。

モバイルの販売代理店業界は、生き残りをかけて合併再編でめまぐるしく変化しているが、その中で、地域独立系代理店のモバイル小売事業者として、マイテックは独自の戦略と販売力でもって三多摩地区でサービスを提供している。

ＮＴＴの民営化を機に、脱サラで会社設立

あまたある携帯販売業者の中で、マイテックが勝ち残ってきたのには、いったいどのような戦略があったからだろうか。同社の歩みを創業から見ていこう。

１９８７年、村上は小平市の自宅アパートに会社を設立する。脱サラでのたった一人でのスタートである。当時村上は、ＮＴＴの民営化によって、今後情報通信産業が

大きく発展するのではないかと考えていた。とはいえ、当時はまだ携帯電話はなく、村上は、コピー機やビジネスフォン、NCCの長距離電話サービス、国際電話サービス、ポケットベル、自動車電話などを扱い、企業をターゲットに足しげく訪問営業活動にいそしんでいた。

そもそもNTTの民営化とは、効率的な事業運営を目指すとともに、電気通信事業分野への民間活力を導入し、競争を促進させることが目的であり、その後の情報通信産業の隆盛のスタート地点であった。村上の読みは正鵠を射ていたのである。

伝説の営業マン

移動体通信の自由化に伴って、村上は日本高速通信、DDIなどの新興企業の長距離通信サービスを企業へ売り歩いた。

なかでも外資系企業をターゲットにして飛び込み営業を始めたのだ。それも、そうそうたる企業へ恐れもなく営業をかけ、国際電話の契約を数多くとってしまった。

「実は相手がどんな企業だかわからないままに営業していました。社名にチャイルドが付いていたので、子供服の会社だと思っていたら、大手の外国の銀行だったり、水道会社だと思ったら世界で有名な監査法人だったのです。でも、アメリカの企業は、それが文化なのか、セールスマンを冷たくあしらうようなことは決してなかったですね。あたたかく迎えてくれたことを覚えています」

村上の営業力を象徴するエピソードには事欠かない。あるとき、大手建設信託会社の所沢支店に営業マン用のポケットベルを売り込みに訪問した。それまでこの会社は、ＮＴＴのポケットベルを採用していたが、村上はもっと料金の安い東京テレメッセージのポケットベルを勧めに行ったのだ。

ところが話は所沢支店だけでは終わらなかった。コスト削減のメリットを認めた建託会社は、総務の代行として、全社的に村上にポケットベルの管理を委託したのだ。急遽、６畳一間の村上のアパートが「ポケベルセンター」に変わった。村上は全国のポケットベル会社と契約をし、各地の支社からＦＡＸで入ってくる注文に対応した。

2 訪問営業から卸、そして店舗小売業へ

ポケベルを高校生が買いに来た

村上によれば、携帯通信の潮目が大きく変わったのが、90年代前半にポケットベルに数字が打ち込めるようになって、高校生が買い求めるようになった頃だという。まだ携帯電話の所有コストが高かったために、安価なポケットベルが流行したのだが、それが営業ツールを越えて、若者のコミュニケーションツールとして使われているのを見て、村上は情報通信デバイスも個人ユースが主流になる時代を確信したという。

１９９４年、携帯電話の売り切り制が開始された。携帯電話時代の幕開けである。ＮＴＴの子会社であるＮＴＴ中央移動通信網株式会社（現 株式会社ＮＴＴドコモ）が代理店制度を設けて大きく展開していこうという流れが出てきた。村上は、当時立

川のホテルで代理店募集の説明会パーティーがあり、三多摩地区だけで１００社以上が集まっていたのを記憶している。20年経った今、生き残っているのはマイテックだけだという。

第1号店のオープン

１９９４年、マイテックはＮＴＴ中央移動通信網株式会社（現 株式会社ＮＴＴドコモ）、株式会社ツーカーセルラー東京（現 ＫＤＤＩ株式会社）と代理店契約を結ぶ。府中へ営業拠点を移転し、ツーカーショップ府中駅前店（現 ａｕ府中北口店）をオープンさせる。現在の40店舗に及ぶ店舗網の第一歩を印したのだ。

１９９７年には日本移動通信株式会社（現 ＫＤＤＩ株式会社）と代理店契約を結び、ａｕショップ調布駅前店をオープンさせている。現在ａｕショップ調布駅前店は、数あるａｕショップの中でも、売上げは常に上位であり、管理顧客数は全国１位である。

ドコモショップを高幡不動にオープンさせたのは、代理店契約から４年を経た

1998年であった。ドコモショップはメーカー系代理店か大手商社系代理店に限られており、三多摩地区では13のドコモショップが存在していたが、実は当時その13ショップよりもマイテックの方が売上げが多かった。その実績が買われ、マイテックにドコモショップのオープンの話がきたのである。

地域独立系代理店は、常に知名度や信用度でメーカー系代理店や商社系代理店の下に見られていたが、村上とマイテックは販売力という実績でそれを覆してみせたのである。現在でも、独立系の代理店で、ａｕ、ドコモ、ソフトバンクのショップをバランスよく揃えているところは、ごく少数であり、マイテックはその中の1社である。

成功体験を足枷にしない変わり身の早さ

1990年代後半は、まだ店頭での小売よりも卸売による売上げの比率が大きかった。少人数で大量に商品をさばくというビジネスモデルだったのだ。卸売では、統一価格で仕入れて、利幅を低くしてとにかく台数を売ることに注力した。

村上が考案したのは、箱を独自に製作して端末や充電池やマニュアルやストラップをワンセットに仕上げることであった。当時は、端末なり充電池はそれぞれ別々に送られてきていたので、卸の段階でセットしなくてはいけなかったのだ。箱を独自に作ることで流通のスピードが格段に早くなった。村上が箱を作って半年後に、同業他社もこれに倣い普及していった。

「独立系代理店なのに複数の携帯キャリアさんと契約できたのはなぜかとよく聞かれるのですが、結局、卸時代の販売力を携帯キャリアさんが見ていてくれたからでしょう。その意味では、当時の取次店や法人の大口のお客様のお蔭だと考えています」

２０００年、移動電話加入数が固定電話加入数を上回るようになる。

通信分野における市場構造の変化

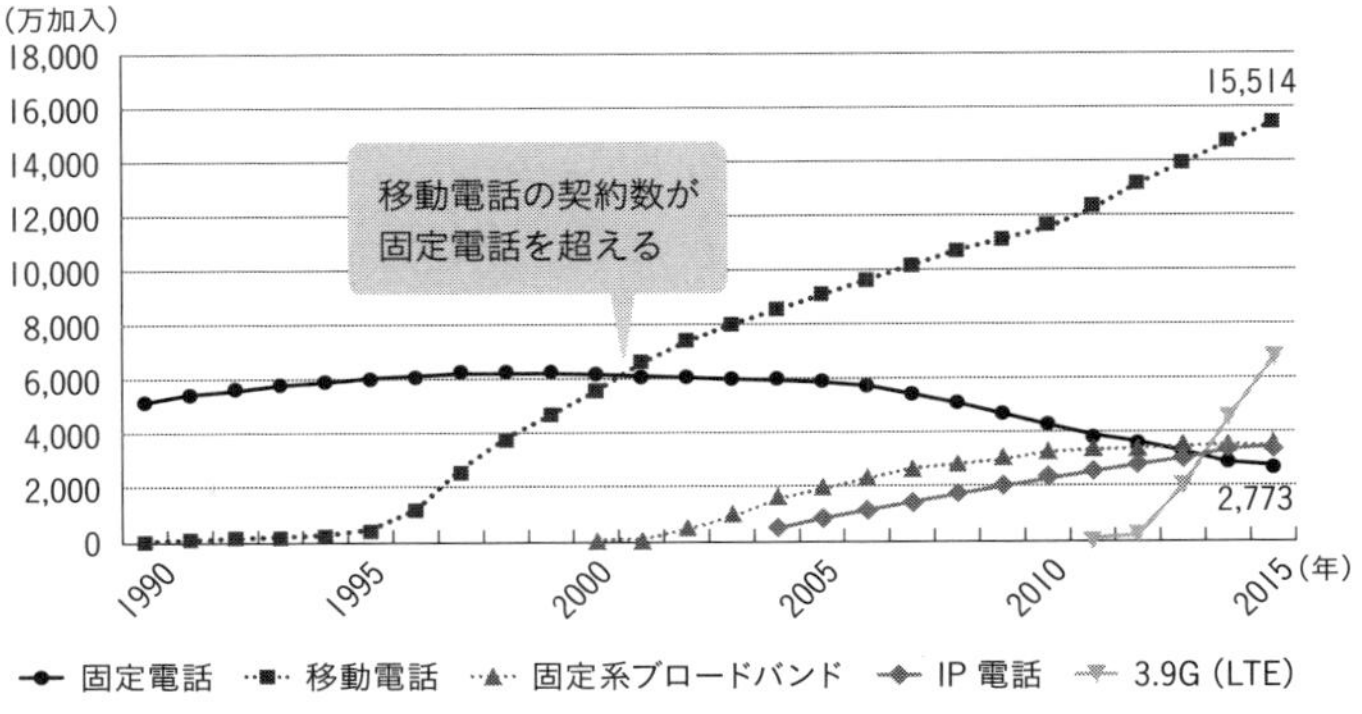

村上は収益構造の変化により卸売事業メインから小売店舗運営に舵を切り替える。少人数で大量に売る業態から店舗運営にシフトしたのだ。そのことについて村上はこう表現する。

「訪問販売から卸へ、卸から店舗販売へと、携帯電話が一般に普及していくのに沿って会社の体つきを変えたということです。端末の取り扱い台数だけでいえば、卸売り時代も今もそんなに変わりませんが、その代わりに店舗では周辺機器で稼ぐことができます。マーケットに合わせて自分たちを変化させてきたことが、私たちが生き残れた大きな理由です」

差別化は顧客満足度

エリアで一番になる

2000年代に入ると、マイテックは出店のペースを上げていった。他店との競争も激しくなっていく中で、どうやって勝ち残っていったのか。

「まず、代理店販売はそのエリア内における権益ですから、携帯キャリアさんと良好な関係を築くことが大切です。携帯キャリアさんに認めてもらうためには、しっかり売上げを出さなくてはならない。何をやったかと言えば、お客様が喜ぶように接客サービスに力を入れました。とても当たり前に聞こえるかもしれませんが、秘策なんてないんです。商品や価格で差別化を図ることはできませんし、都内の繁華街のように一見のお客様もいらっしゃらない。となれば、地元の顔の見えるお客様を相手に、満足度を高めるしか方法はないのです。〝凡事徹底〟を合言葉に、お客様に喜んでもらえるように頑張った。それだけです」

auショップ調布駅前店が全国一の管理顧客数を誇る理由も、顧客満足を追求した結果だという。

「ポスティングやティッシュ配りをやって、お店にいらしたお客様に満足して帰っていただく。地元のお客様に嫌われたらお店が成り立たないということをスタッフが全員知り尽くしています。お客様にサービスして、気持ちよく買っていただく、ありがとうと言われることに価値を見出しているのです」

マイテックのロゴには、アルファベットの上にピンク色のハートマークが乗っている。商品でも価格でも差別化ができないけれど、サービスで一番になるという意思をハートで表明しているのだ。

小売業において顧客満足度を高めるということは、二つのメリットがある。まずお客様からのクレームが減ることだ。クレーム対応はやり方を間違えるとお店の存続にもかかわるほど大きなものになるが、そもそも最初の段階でクレーム数自体が減るということは、店舗の効率運営を考える上で非常に重要である。

メリットの二点目はリピート顧客が増えるということだ。新規顧客が限られるエリア内での営業では、リピーターを増やすことが至上命題である。

「ありがたいことですが、スタッフがお店を異動するのについてきてくださるお客様もいらっしゃいます。また、九州にお引越しされたお客様が、２年ごとの機種変更にわざわざきてくださっています。どこでも同じ機種を似たような値段で買えるにもかかわらず、うちを選んでくださるお客様がいらっしゃるということは、店舗接客で顧客満足を高めるという手法が間違っていない証だと思っています」と村上は語る。

成熟期に勝ち続ける

内閣府の発表によると、２０１５年度、スマートフォンの世帯当たりの普及率が従来型携帯電話を上回り、67・４％となった。これからは安定・横ばい状態になることが予想されている。また、全国のキャリアショップ数も、８０００店舗前後で横ばいになると村上は予測している。飽和状態の始まりである。

この飽和状態が進む中で勝ち続けていくにはどうすればいいのか。ここでも村上の考えは明快だ。

・地域社会に嫌われたら終わり、株主の意向よりも町のお祭りの方が大事

・顧客に立った視点を大事にする
・リアル店舗である存在理由はなんなのか、徹底して考える

この3点が基本であるという。

「どんな商売でもそうですが、お客様に対応できない店舗は淘汰されます。新規事業も模索していきますが、まずは本体で適正な利益を確保することが大切です。そうでないと、何か新しいことを始めたいときに、銀行から資金を得られないし、業界の変動や新しい動きに瞬時に対応できないからです」

三多摩地区を中心とした出店戦略をとってきたが、出店地域を拡大する意思はない

店舗のドミナント展開

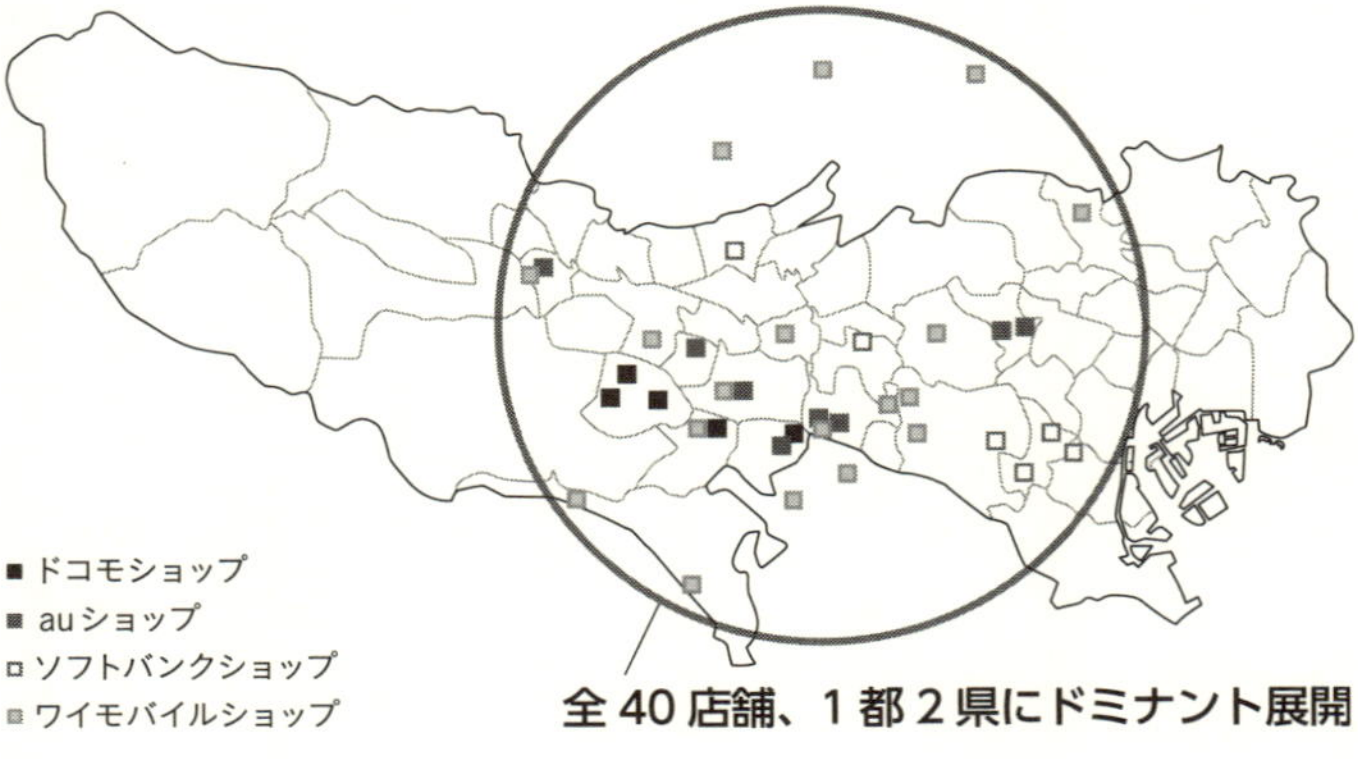

という。

「本部がフォローできない地域に店を出しても、うまくいかないでしょう。単独店は孤立したら死んでいくということを身をもって学習してきましたから」

マイテックグループの強みと弱み

村上は、MOTの特定課題研究において、マイテックグループの現状の課題をSWOT分析により抽出している。

・マイテックグループの強み（Strength）

①すべてのキャリアと代理店契約を結んでいる

②モバイル業界に精通している（業歴が長い）

③すべてのキャリア・多くの関連会社の情報が入ってくる

④人口流入地域である東京周辺に店舗が集約している

⑤自社と銀行の関係性が良好である

・マイテックグループの弱み（Weakness）

①代理店という立場が故の下請け的な立場

②急成長が故の中間管理職不足

③人財*育成に時間がかかる

「顧客満足度を高めることに注力してきたつもりですが、すべてにおいてうまくいっているわけではないんです。まだまだ足りないところもたくさんある。それは、人づくりと仕組みづくりで改善していくしかないと思っています」

マイテックでは、後述するが社員の教育研修費に毎年２０００万円以上を投資している。この規模の会社としては突出して多いほうだ。人財育成に時間がかかるのは承知の上で、それでも時間と手間を惜しむつもりはない。サービスにおいては、いかに人の力が経営を左右するのか熟知しているのである。

＊マイテックでは人材を財産と捉えているため、あえて〝財〟の字を使用している。

利益を生む源泉は人

4

MOTでプロジェクトマネジメントを学ぶ

2012年、村上はMOTを取得するために日本工大に通う。

「行ってよかったのは、プロジェクトマネジメントについて学べたことです。大きなプロジェクトの場合、どのようにゴールを定めて、その間にどうやってマイルストーンを立てて進めていけばいいか、学ぶことができました。また、一年間の学びを通して、自分の会社を客観的に見つめることができたことも大きかったですね。大きなトレンドの中で、自分の会社が将来どう生きていくのか、おぼろげだった中長期ビジョンを特定課題研究でしっかりまとめることができました」

課題研究テーマは「マイテックの成長戦略」だったのだが、一度しっかりしたデータに基づくストーリーを作っておくと、多少の数字の修正はあるにせよ、経営の道筋が見えてくることが大きいという。

自ら経験したMOTの学びを、今度は次代を担う幹部に経験させている。年間3

人、10年で30人を日本工大に通わせる予定である。

「MOTを幹部育成の頂点に位置づけました。彼らに、経営の土台となる言葉と考え方を学んでほしい。共通の認識をもって彼らがディスカッションできるようになれば、経営基盤は強化されるはずです」

村上は、自分がそうであったように、幹部たちがプロジェクトマネジメントを勉強することの効果は大きいと見ている。

「モバイルの世界は変化のスピードが速く、じっくりと勉強する時間がとれないのが現実ですが、働きながら勉強する習慣をつけてほしいと思っています。それに幹部は部下に権限を渡さないと学校に行けませんから、下の者への権限委譲のいいきっかけにもなります。サラリーマンにとって、修士課程卒業というのは大きな勲章になりますよ。卒業時の角帽とアカデミックガウンは生涯記憶に残るでしょう」

300余りの教育研修

マイテックでは先述したように、年間2000万円をかけて社員教育を行っている。新入社員研修から始まって、技能研修、態度研修、職能研修、価値観研修など、３００余りの研修が並行して行われている。

マイテックは、この業界では珍しく正社員比率が６割を超えている。新入社員採用活動にも積極的で、98％が大学卒である。

「人財の流出はこの業界の宿命ですが、それをなんとかして食い止めたい。結局、自己成長の機会を作ってあげて、キャリアプランもきちんと作ってあげることしか手立てはないんです。幹部研修にＭＯＴを取り入れたのもそうです。幹部研修が陳腐化すると、それを見ている下の人たちも夢を見

教育体系の変化

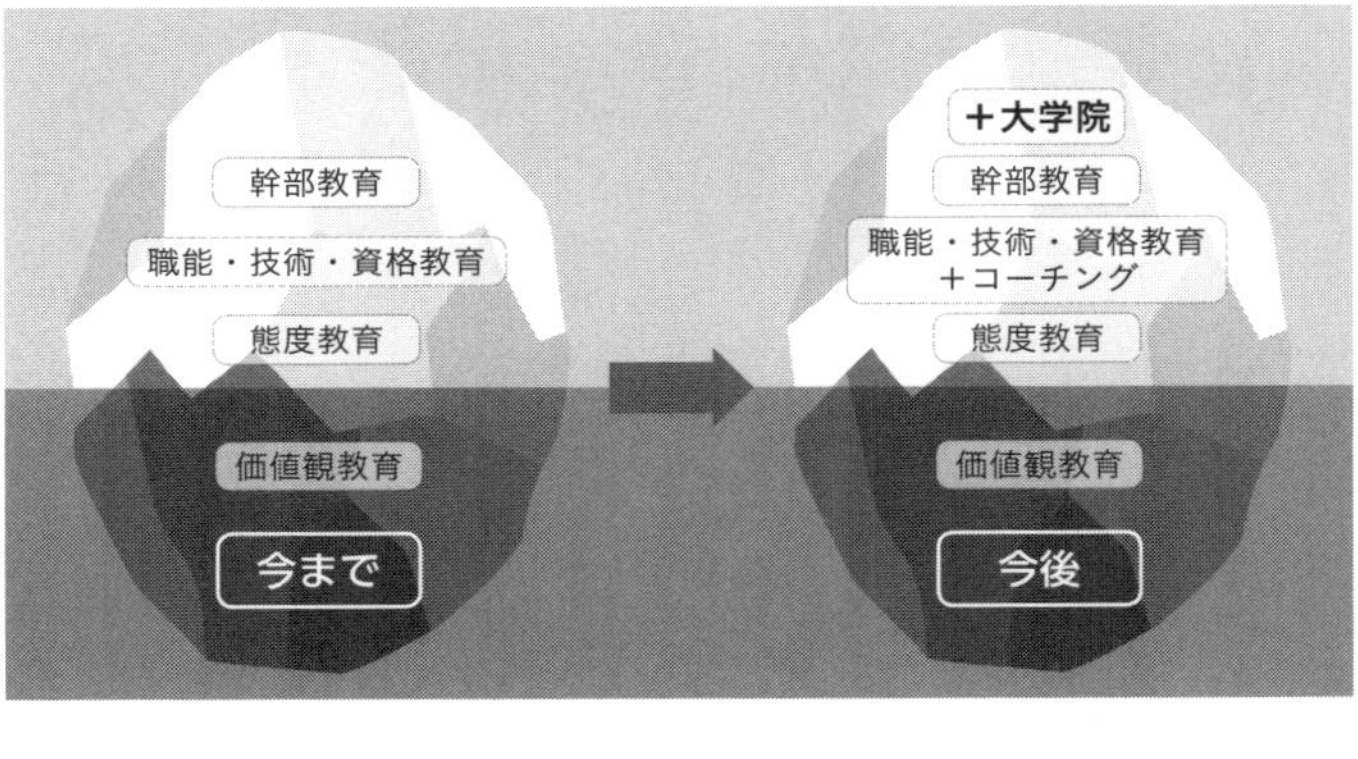

れなくなってしまいます」

利益の源泉は人

村上が人財育成にこだわるのは、利益の源泉は人であるという信念による。

「社長室がお金を稼いでいるわけではありません。お客様と社員の接点がお金を稼いでいるのですから、そこに焦点を当てていくのは当然です」

人財育成の成果はすでに出始めている。部門ごとの課題設定で、下からどんどん経営課題が上がってくるようになったのだ。

「人財育成はさらに強化します。ポートフォリオで、ムダムリムラは捨てますが、人については捨てるを設けません。仕事が合わなければ、違う場所で再生するという考え方で中堅社員の流出に歯止めをかけています」

子会社である「人財フロンティア」は、ドコモのコールセンターへの派遣が主力業務だ。これは、かつて店舗で働いていた社員の経験を、埋もれさせないで再生するという目的で始めた業務である。

人をどのように活かし、再生していくか。そのノウハウがマイテックの屋台骨を支えている。女性の幹部採用も積極的に行っている。お客様に最高のサービスを提供するには、社員にも満足がないとうまくいかないと考えるからだ。

「上場はいつでもできる状態ですが、今は必要ない。資金調達の問題だけなら、金融機関が支援してくれるうちは必要がないんです。お客様と社員さんを見ていたいと思っています」

「自らシリコンバレーに足を運び、最新のテクノロジーに触れている」と語る。

モバイル文化の創造企業へ

5

第2の創業期

自らの事業ドメインを「モバイル文化創造業」と規定する村上は、現在のモバイル業界が成熟期から第2の創世記に差し掛かっていると見ており、その中でマイテックが果たす役割について次のように語る。

「いずれ多店舗化にも限界が来ます。私たちは携帯電話の販売業ではなくて、モバイル文化創造の担い手、モバイル文化の開拓者として次の時代に挑戦していかなくてはなりません。具体的には、モバイルデバイスを中心とした周辺事業の展開に取り組んでいます」

村上は、モバイルの周辺事業は無限大であり、ビジネスチャンスは限りないと確信しており、広告や教育などの新規事業に積極的にトライしている。旧来のビジネス形態にモバイル側が接近することで、ビジネスチャンスはいくらでも生まれてくると力説する。

とはいえ、自らアプリやコンテンツを開発することには固執していない。自分たちの強みはあくまで販売力にあると冷静に分析しているからだ。村上は自分たちの立ち位置を、「商材とニーズの間で生きていく」と表現している。販売業として川上と川下の間に立つのだという。

「私たちは他人の商品を提供している立場です。オンリーワンの商材を持てたら楽なのでしょうが、そうではないのです。自分たちの強みは売るノウハウ、売るチャンネルがあることです。これから携帯キャリアさんがどう未来戦略を立てていくのか、それに合わせて体つきを変えていくつもりです。これまでもそうであったように、変化に対応できる会社だけが生き残るでしょう。乗り遅れたら即経営危機なのです」

変化こそチャンス

振り返ってみれば、マイテックは時代が変化するたびに大きくなってきた。村上にしてみれば、変化こそ成長のチャンスという思いがあるのだ。

「社員にも携帯電話屋さんだと勘違いしてほしくないんです。携帯電話屋さんに行きたいならうちに来なくていい。モバイルの文化を発展させ、創造させる情熱がある人に来てほしいのです」

お客様の先に立つ水先案内人がマイテックの役割だという村上は、そのためには、ちょっとした変化にも気づける「人財」を作ることが急務だという。

「何が起こるか分からない、だから楽しいんだというマインドでいます。将来を否定的に捉えたら産業の集約化と縮小が始まります。先が見えない世界では、受身でいれば翻弄されるだけです。だったら、自分で会社のビジョンを描いていけばいいんです」

そう語る村上は、シリコンバレーなど、海外への視察も頻繁に行っている。日本にいるだけでは、新しい波をキャッチできないからだ。トレンドをいち早く押さえて、自分たちのビジネスにどうフィットさせるか常に構想している。過去もそうだったように、将来も村上にとっては「変化こそチャンス」なのだ。

モバイル文化創造の追求

株式会社ラインワークス　代表取締役
田村修二

「運命の出会い」を次世代につなげる

人生は支え支えられ、絵心を持つ社長の物語

COMPANY PROFILE

法人名	株式会社ラインワークス
事業内容	産業用ロボット及び周辺装置、ポジショナー、自動化生産ラインの設計・製造・販売
法人設立	1981年
所在地	千葉県千葉市花見川区

経営者は社会貢献をして、初めて一人前になれる

1

次世代経営者のために

田村が日本工業大学専門職大学院で学びたかったことは、2つあった。

ひとつは30年以上にわたる会社経営で自身が実践してきたことを体系化したかったこと。もうひとつは中小企業の組合活動について。組合に加盟する個々の企業に、その活動はどう寄与するのかを研究したかったというのだ。

「当社の事業のためという動機ではなかったですね。どうすれば次世代の経営者や業界の役に立てるかを研究したかったのです。自社を成長させるだけでは半人前、社会貢献ができてこそ経営者は一人前になれるのです」

実際、田村は千葉県異業種交流融合化協議会会長を5年間務め、千葉県全域のみならず広域異業種連携組織との交流会、さらには各専門分野の研究・開発を目的とした

研究会など、数多くの事業を通じて積極的な連携と交流を推進してきた。

中小企業が勝ち残っていくためには、より一層の経営努力や経営革新による新技術、新分野への展開など、新たな創造が求められることから、次世代の経営者や団体職員にエールを送り続けている。

多くの先輩経営者の姿勢や考えを学んで田村が一流の経営者になったように、田村もまた次なる世代へ想いやノウハウをつなげようと考えているのだ。

「円熟期に入った経営者なら皆さん考えることではないでしょうか。経営者というのはそういう生き物ですよ。自分が多くの方々に助けてもらっていまがあるのだか

ラインワークス本社工場

ら、社会や次世代へ貢献がしたくなるものです」

いまでこそ社会貢献を一義に据える経営者となった田村であるが、彼にもまた徒手空拳で戦ってきた日々がある。その軌跡をたどってみたい。

設計への熱意がチャンスを切り開く

田村が創業した株式会社ラインワークスは、千葉県千葉市花見川区に本社工場を構え、中国江蘇省にも工場を置く、産業用ロボットを主体にしたシステムインテグレーターである。１９８１年の創業以来、35期連続黒字、一度も赤字なしで、２０１６年に36期目を迎えている。

創業以来、「未来工場を創造する」を合言葉に、溶接現場の過酷な作業環境から作業者を開放することを目的とし、産業用ロボット及び周辺機器、ポジショナー、自動化生産ラインの開発・設計、製造、販売を行っている。日本のイノベーションを支えるモノづくり企業として経済産業省や自治体などから表彰される優良企業だ。

創業者の田村いわく「産業用ロボット業界でのキーワードは『無人化』です。人が多く介在しては国際競争に勝てない。工場内を無人化するには各工程をつなぎ、受け渡す役目を担うマテハン装置が必要不可欠です。加工する機械の一つひとつは点でしかない。それを線で結ぶのがハンドリングロボットです。そして、ロボットによる工場のライン化を目的として設立したのが、当社となります。事業目的が、そのまま社名に反映されています」

田村は1970年に福岡県の工業高校を卒業して上京し、建設機械や産業機械製造会社・二宮産業に入社。そこではダンボールの合わせ目にテープを貼る機械（テーピングマシン）を組み立てる仕事に従事した。

当時は職人の経験と勘で仕事をする時代。100個を超す部品の機械加工を、職人は手帳を見ながら行っており、聞いたところ図面が痛んで見えないという。そこで田村は帰宅後、3か月間毎日夜の11時頃まで設計図を引いたという。これが評価され、日立製作所での研修のチャンスを得ることになる。社内では反対意見もあったが、熱弁をふるって幹部を説得し、研修を推薦してくれたのが、K人事課長だった。

「Kさんには在職中、たくさん面倒をみてもらって。千葉にオヤジができたってうれしかったですね」。その後、K課長はさらなる転機を、田村にもたらしてくれる。

■「理論7、経験3」への気づき。そして起業へ

日立製作所では、当時日本に3台しかないという走査型電子顕微鏡で、溶接割れを解析する世界先端の研究を行っており、田村は1年間、研究助手をつとめた。

日立での経験で田村が得たモノづくりの極意は「理論7割、経験3割」という法則だった。これがいまでもラインワークスの製品開発に活きている。作り手の感覚や勘に頼らず、ロジック重視、そして現場の声を反映し、設計・開発するのである。

その当時、工場内での溶接作業環境は劣悪なものだった。溶接中の頭の箇所を計測すると摂氏60度にもなる作業環境で作業員は仕事をしていた。とにかく熱いのだ。さらに大粒のスパッタが足元に落ちようなら、大怪我につながった。金属が解けるときに発生するヒューム（微粒化した酸化鉄）を吸い込み、じん肺になる作業員もおり、これは人間がやる仕事ではないと、田村は感じていたという。

「溶接作業の現場を変えたい」

田村に志が芽生えたのはそのときだ。

「今後は、溶接は人ではなく専用機、さらにはロボットが行う時代がくるのではないか」とも感じた。その矢先、客先で田村は溶接ロボットに出会った。

「これだ！」と電気が走ったという。

この感動が、田村の独立心を駆り立て、勢いそのままに1981年、共感してくれた3名を共だって起業する。田村が、26歳のときだった。

2

「逃げるな」。恩人・坂戸社長の教え

■金ない、設備ない、お客ない。ないないづくしのスタート

脱サラして独立したのはいいが、「お金がない、設備がない、お客がない」という状況。二次外注先から回してもらう溶接の賃加工でなんとかしのぐ日々。当時のラインワークスの工場は30坪ほどしかなく、間口が開きっぱなしの汚い場所だっただけに、それを理由に取引先に仕事を断られたこともしばしばあった。

そんなある日、犬を連れた何かオーラを感じるような30歳後半の男性が、工場に訪ねてきた。

「あんた、ここで何やってんだ?」

「仕事に決まっているでしょう」

「明日、俺の工場を見にきてみるか?」

意味がわからなかったが、興味本位で指定された会社に行ったところ、第二工場を案内された。

「この工場の半分を使ったらどうだ。何事もスタートダッシュが大切だ。あんな工場だと一生埋もれてしまうぞ。なんとなくお前のことが気に入ったから、遠慮せず使え」

どこの馬の骨かもわからない田村に、そう声をかけたのは、（株）坂戸工作所・坂戸誠一という男だった。坂戸は後に、全国中小企業団体中央会副会長、千葉県中小企業団体中央会会長を歴任、中小企業の発展に尽力した功績により旭日小授章の栄に浴する男となる。

田村は、翌日から坂戸工作所を間借りして、仕事をさせてもらうことにした。この不思議な縁をよんだのが、先述の千葉のオヤジとも慕った二宮産業・K課長である。

当時、K課長はすでに鬼籍に入り、田村はお世話になったK家に毎年末、線香をあげに自宅を訪ねていた。Kさんが亡くなって2年が経つ年だっただろうか、K家が留守の際、隣家に花を預けたことがあった。その花を預かったお隣さんというのが、坂戸の自宅だったのだ。

坂戸にあの時、声をかけてくれた理由について聞いたことはない。しかし、田村は天国からK課長が背中を押してくれたのではないかと信じている。

Kさんと坂戸さんとの出会いが、田村の運命を変えた。

坂戸社長の教え

田村は坂戸社長のもとで8年間、経営者としての姿勢を学ぶ。

「ちゃんとした工場に移った途端、ロボットメーカーや商社から仕事が入ってくるようになりました。最初は受注の度に新しい製品開発をするような日々で、納期間近になると徹夜の連続。それだけ苦労しても赤字になることもある始末で、本当に大変でした」

しかし、案件は順調に増えた。工場を世話してくれた坂戸も「溶接に役立つポジショナーを作れ。俺が買ってやる」と支援してくれた。

事業が上向いてくるそんなときだった。コマツに納品したポジショナーの回転軸に使用した歯車が破損するという事故を起こしてしまう。作業者が救急搬送されるという事故だった。

田村は震えた。

事故への対応を坂戸に相談したところ「男だったら逃げるな。会社を潰す覚悟もしろ。全部お前の責任なんだから自業自得だ」と突き放される。

田村は、コマツに出向いて11名の関係者の前で土下座。涙を流しながら「命に代えて、全数対応します。絶対に逃げません」と約束し、不眠不休ですべてに対応したという。

その対応を境に、注文が殺到することとなる。そしていまではラインワークスにとって、コマツはなくてはならない顧客となっている。

対応後、坂戸にこの経緯を伝えたところ、「大手からみると中小企業は何かあったら逃げるものだと、ハナッから信用していない。ところが、お前は逃げなかった。この件で田村は逃げないって信用してもらえたんだよ」と一言、初めて褒めてもらえた。

この一連の出来事から、田村は、経営者は何があっても逃げてはならないという教訓を得た。

自社製品を作り、未来工場を創造する

3

ロボット開発の夢

溶接周辺装置をコツコツと作りながら、「いつかは世界に通用するロボットを自社開発したい」と夢を持ち続けていた田村に、次なる転機が訪れる。

1989年に時限立法された中小企業融合化法（異分野中小企業者の知識の融合による新分野開拓を促進する法律）で、千葉県で二番目に認定された融合化組合「協同組合ロボットコントロールシステム千葉」設立に参加できることとなった。

ビル解体の圧砕機メーカーや電気制御盤メーカーなど計5社で、産業ロボットの動作範囲を広げるために、ロボット自体を昇降・走行・ターン軸から構成する3軸スライダーの開発を行った。3年間で計2700万円の補助金が出たのも追い風になった。融合化組合では、製品開発に関するさまざまなノウハウを習得できたうえ、基礎研究などの部門で多くの人脈もでき、1992年に自社初製品「昇降式片持ち三軸ポジショナー（SKETTE COMPACT）」を開発した。

ポジショナーとは、溶接作業の際、加工物を溶接しやすい位置にポジショニングする機械である。作業者が溶接物をクレーンで反転するのではなく、溶接する物自体が3次元にしかも溶接しやすい高さに上下すると作業がラクになると考え、開発した。作業者は定位置で作業することが可能となり、負担が軽減、効率も格段にアップした。これが爆発的なヒットとなる。

「現場で作業する立場がわかるから、どう設計すれば使いやすいのか肌感覚でわかる」という、田村だからこそ開発できた製品であり、今日ではこのポジショナースタイルがグローバルスタンダードになりつつある。

1998年「ロボット搭載式五軸ポジショナー」、2002年世界初「六軸重量物複合ロボット」開発

「SKETTE COMPACT」がヒットしたものの、溶接するのはあくまで作業者。溶接

作業のロボット化を夢見る田村からすると、まだまだ満足のいくものではなかった。田村はロボットが溶接する機械の開発に乗り出した。

大手企業が次々と溶接ロボットを進化させていくなか、人材に限りのあるラインワークスで専属の開発担当者がいるはずもない。豊富な人材を要する大手企業との差に苦しむ。その壁を乗り越えたのは、田村の執念だった。

「図面を描くのは、私自身。執念さえあればなんとかなるものです。資金繰りにも納期にも追われ、プレッシャーのあるなか、決死の覚悟ですよ。でも、大手を御すような製品を作らない限り、会社はやがて行き詰る。オンリーワンの製品で互角に渡り合いたい、その一心でした」

そして、1998年にロボット搭載式五軸ポジショナー、2004年には六軸複合ロボット「LINEMAN」を開発する。

6軸とはポジショナー機能を旋回・回転・前後・昇降軸で構成し、そのものをターン、走行するという多関節型とスカラ型を合わせ持つ世界初のものであり、国内のほかアメリカ、中国でも特許を取得した。

さらに当時の産業用ロボットは、溶接加工物の搬送においてヨーロッパのKUKA

社の産業ロボットが世界最大であり、可搬重量は1トンであった。LINEMANは1トンの可搬重量に加えて、広範囲な作動領域をもつことで注目を浴びた。LINEMANは進化を続け、2016年現在では3トンもの可搬重量に耐えられる「LINEMAN3000」が市場に出ている。

従来、重量物の溶接では、天井クレーンで運んできた加工品を作業者が溶接装置などに設置し、作業が終了すると再びクレーンで次の工程へ搬送するというのが一般的で、非効率そのものだった。この工程をロボットが自動化したことで、作業員の負担が減ったうえ、安全性も高まった。このため、「LINEMAN」は、鉄道車両や建設機

SKETTE3000（ロボット対応型）

械などの大型構造物の溶接現場に徐々に導入された。

中小企業のモノづくりの肝は「売れるものに手を出さない」こと

資本や人的リソースに限りがある中小企業にとって、大企業と戦うためのモノづくりについて、田村に聞いた。

「たくさん売れるものではなく、ほどほどに売れるものを開発することです。当社の「SKETTE ROBO」が売れ始めると、すぐに大手2社が真似してきました。しかも彼らは特許を潜り抜ける策も知っている。

一方で、当社の六軸複合ロボットをカスタマイズした製品 LINE MAN は「世界最大で世界一売れない」というユニークな製品なのですが、このように大手では1、2台売れたところでは元が取れないような個性的な製品だと戦うことができます。

数がたくさん出るような製品は大手が有利ですが、カスタマイズするような製品だと、性能の良さと価格面で、中小企業に優位性があります」

一時的にヒットした製品を大量生産するために設備と人材に投資した結果、大手が参入してきて一気に市場を奪われ、借金に苦しんで倒産した同業他社をみてきた田村にとっては、安易に売れるものほど危険なものはないという。

中小企業と特許

中小企業にとって特許というのは自社独自の開発を世に知らしめ、事業を拡大するためのレバレッジになりうるものといえる。しかし、田村からすると少し意味合いが違ってくる。

「特許を取得したところで、すぐに真似されます。ですが、特許を申請する価値はあります。これは坂戸社長に教わったことですが、『特許とは他企業の参入を縛るものではない。特許というのはその分野で絶え間ない改良のための試行錯誤をしているという証拠である』というのです。この分野では当社あり！という、モノづくり企業から世の中に向けての声なのです」

絵心がもたらす製品開発と心の安らぎ

田村の趣味は絵画である。111ページにある扉写真は、田村による作品だ。

経営者として多忙な日々をおくるなかでも、必ず毎日23時頃から小一時間は絵筆を持つ。その腕前は趣味の域を越え、日美絵画展などで数々の賞を受賞している。田村にキャンバスに向かうことは、会社経営に影響を与えているかを聞いた。

「好きで描いていることだけれども、あえていうなら絵を描くことで養える美的感覚は製品開発に活きているでしょうね。お客様は機能だけでなくデザインを見て製品を選びます。決裁権が奥方にあればなおさらです。もちろん機能面にもデザイン的な素養は活きてきます。図面の線をひとつ変えるだけで製品はがらりと変わる」

田村の感性がラインワークス社の製品のデザイン性、機能美に活きている。さらにもうひとつ、絵の効用があるという。

「経営者というのは、日々ストレスとの戦いですよ。やれ、どこそこでトラブルがあったということの連続。私も当社の工場を一周しただけで各工程に起きている不都合な状況が目にとまります」

24時間仕事のことが頭から離れないのが経営者というものだ。しかし、それでは30年以上経営を続けることはできない。いかにうまくストレスと付き合い、バランスをとるかが重要になる。田村にとっては、夢中で絵筆をとる時間がストレスを癒してくれる。

中国から見た日本の溶接技術

―2008年中国・江蘇省に工場開設。海外進出を果たす

2008年、ラインワークスは中国・江蘇省に工場を開設し、海外進出を果たした。

「日本国内の需要が先細りするのは目に見えている。今後の当社の発展には絶対に必要な一手だった」と田村は言う。

世界最大ともいえる中国市場で先手を打ちたい。

進出前、誰彼ともなく「中国に進出したい」と発信していたところ、パナソニック溶接システムの専務から連絡があり、同社の中国拠点である「唐山松下产业机器有限公司」を視察する機会を得た。

「思ったことや、やりたいことは、常に発信することですね。そうするとどこからともなくアドバイスやチャンスが舞い込んでくるものです」

中国に赴き工場を見学して驚いたのが、勤勉な中国人スタッフたちであった。

4

また、同時期に訪れた現地溶接装置メーカー「唐山開元自動溶接装備有限公司」では、機械設計者が50名、電気設計者が24名もおり、天津工科大学を初めとした技術系スタッフが日本の約10分の1の賃金で働いていたことに身震いしたという。

35年前に起業したときを思い出すような挑戦である。田村はそこで、自らが陣頭指揮を執って海外進出をすることに決めた。

「顧客開拓、現地での社員採用・教育、仕入れ先開拓など、困難は目に見えていました。これができるのは自分しかいないだろうと」

田村は、国内拠点の布陣を整え、中国へ出た。

中国法人立ち上げの苦労

田村は中国法人立ち上げ時、1年のほとんどを中国で過ごした。

そして、北京五輪が行われた年と同じくして、2008年8時8分、爆竹を鳴らす盛大な中国式の儀式を行い、ラインワークス中国がスタートした。

しかし、円高や増値税障壁、リーマンショックの影響もあり、仕入れ先ひとつ決めるのにも苦労する、困難の連続であった。

中国の製造業の最前線に立ってみると、より日本の製造業の姿が見えたという。

「中国の強さ、価格競争力の高さにあらためて驚愕しました。このままだと日本の製造業は滅びると。しかし、我々、日本企業の品質の高さもまた売りになることも見えました」

日本企業が、中国で製品を販売する際、その立ち位置は二分されるという。

ひとつは、中国価格に合わせる会社。某ベアリング会社は中国市場で、日本国内価格の60％で販売していた。一方、超高圧油圧機器メーカーは中国で日本価格の1・4倍で売る。そこは、私たちは世界一の品質を保証できるので、中国ローカル企業には真似できない。高いと思うなら買うな、という強気な姿勢だった。

田村は言う。「ある会合で聞いた話なのですが、これからのモノづくり企業で生き残るためには、①オール無人化して世界のどこよりも安く作る、②高くても世界一性能のいいものを作る、③世界に先駆けて世界初の製品を作るそのどれかだと。

超高圧油圧機器メーカーは②の戦略を選んでいるみたいです。当社は、LINEMANがそうだったように、3番目の世界初の製品を作り続けることを目指しています」

グローバルニッチトップへ。5年後の最高到達点を見据える

2008年に中国工場を開設し、わずか3年で売上10億円を達成。中国市場の可能性は感じるが、品質と価格とのギャップがやはり悩みどころだと、田村は言う。

「日本仕様のポジショナーは二重安全機構として油圧ディスクブレーキをつけていますが、中国では理解されません。むしろそれを取るといくら値引けるかという世界です。中国ローカル企業に営業すると、機能の説明は30分で終わりますが価格交渉は3時間もかかってしまいます」

現地法人から届く見積もりの査定では、「連絡が来るたび、機能を落とさないことを条件に1・5倍くらいに訂正して差し戻します。現場からはそれでは……と言われるのですが、目先より、5年後、どちらを選択したほうが、到達点が高くなるかで判断しようと伝えています」

現場の苦労もわかり、ジレンマに陥るという。しかし、日本そしてラインワークスの溶接技術の高さに誇りを持って欲しい想いがある。中国に進出した同業種の一社で

も低価格を優先した粗悪な設備を作るようなことがあれば日本ブランドに傷がつきかねない。常に日本製品のブランド力を高める意識が必要である。

田村は、ラインワークスが目指すべきは、グローバルニッチ企業だという。

ニッチ分野において高い世界シェアを有し、優れた経営を行っている中堅・中小企業に対して、グローバルニッチ企業というが、価格競争に巻き込まれず、高付加価値モノづくりで勝負できる企業になろうと考えている。

すでにラインワークスは国内市場ではニッチトップと言える。それを海外へと展開するための施策を計画中だ。そのためには革新的な製品開発が必須であろう。

言うは易しであるが、大手企業と戦いながら今日のポジションを築いてきたラインワークスならばできないことがない挑戦だろう。

次世代経営者、業界、自社のために

次なる経営者たちのネットワークを作る

社会貢献や業界の発展のために大学院に入学した田村であったが、まさに有言実行。

学び舎をともにしたクリエゾン佐藤の背中を押し（71ページ参照）、彼の再起をうながした。

「経営者同士にしかわからないものがあるものです。視座の高さ、志、そして危機感というものです。私はなんども先達の経営者に助けてもらった。私もまた佐藤さんの志を応援するのは当たり前です。彼は必ず再起を果たしますよ」

また、若手へのチャンスも創出している。「まだ若く、考え方も柔軟で目をかけている青年がいます。何より私が彼のファンですからね。ぜひ千葉県異業種交流融合化協議会を通じて千葉県や日本を元気にしていってもらいたい」

田村が見つめる先は、自社の利益などでなく、さらに遠くにある。

また、２０１１年の東日本大震災の際は、震災復興のために「SKETTE COMPACT」を15台（売価にして５２５０万円）も無償で復興に携わる溶接関連企業向けに貸与した。

「震災の影響からか製作中の設備は全て先送りになり、目先の仕事がなくなった状況下、それならば当社のポジショナーを復興のお役にと思い立ったものです。このときよく覚えているのが、従業員が率先して仕事をしてくれたことですね。昼休みもいとわず対応してくれました。社会のためとなると皆、理解を示してくれるものです。社会貢献は会社の士気も高めてくれるものだと思います」

復興先の同業他社だけでなく、全国の中小企業をつなげるネットワークづくりも、これからの田村が目指すところである。

顧客の企業価値を高める

なお、２０１６年夏、ラインワークスはホームページを一新した。

ユニークな高付加価値製品を開発し、国内溶接ロボット業界では認知度が高まっているが、さらなる市場へ認知を広げるには、積極的な情報発信が必要と、田村は考えている。

これまでも溶接関連分野の世界的見本市「国際ウェルディングショー」や、専門誌への広告、積極的な広報で、自社の認知拡大をはかってきた。

この意識をさらに強めて、自社の存在を広める戦略を実行中だ。

「建築機械、自動車などの分野の業種の方らと溶接の効率化・安全化をともにし、試行錯誤してきました。この技術に外部資源を活用することで斜行的新市場に展開させることに力を入れていきたいと思っています。

たとえば、鉄骨ファブリケーター（鉄骨製作会社）業界。高層ビルや高速道路の修繕など、溶接が必要になる現場はいたるところに及ぶと想像します。そのとき、数トンを超える加工物のハンドリングやポジショニングに強みのある当社製品の活躍の場があるはずです」

実際、世界最大の航空宇宙機器開発製造会社・ボーイング社の旅客機ボーイング787の30メートルにも及ぶ主翼をロボットで塗装する設備を三菱重工業名古屋航空宇宙システム製作所に納入する。この設備は初めての国産化で、ラインワークス版

「下町ロケット」といえる。2011年には発電用圧力容器の溶接に用いる100トン級のターンテーブルの開発も行った。

一方、大型化から逆に目を向ければ、介護分野などに役立つ超小型ポジショナーというニーズにも可能性があるかもしれない。「過酷な作業環境から作業者を開放する」という問題解決がはかれるのならば、さまざまな場面で、ラインワークスの技術が活かせる市場がある。

「どんな業界の役に立つ製品を作るにせよ、ベースになるのは企業の風土です。当社の良さはミッションである〝顧客の企業価値を高める設備の提供〟、自社の利益もさることながら、当社の装置を使ってくだ

製作中のボーイング787主翼塗装ロボットシステム

さったお客様が結果、いままで以上に利益をあげてくれることを第一にしている点です。お客様のニーズをしっかり受け止め判断できる営業マン、どんなカスタマイズにも応える設計、製造、組立、バックヤードの皆で、お客様と世界初のモノが作れたらと思います。組織力をいま以上に高めます」

溶接現場の作業員の仕事環境を改善しようと35年前に起業した会社がいま、世界でも類をみないメーカーとなった。これからのラインワークスは、さまざまな企業とのコラボレーションで世界初の製品を開発し、過酷な作業環境を改善してくれることだろう。

支え支えられ、そして妻へ

最後に、これからのラインワークスについて、田村に聞いた。

「いま、私が大切に思っている言葉があります。『謙虚、傾聴、鬼手仏心』。当社の皆やこれまでに支えてくれた人たちに感謝し、あらためて皆の声に耳を傾けること。ビジネスをしていると、経営者としてときに容赦のない言動があるかもしれない。だがそれはすべて皆を思ってのことなのです」

経営者とは孤独なものだ。

ふだん言いたくても言えないことがあるだろう。また、先の言葉は、起業以来、苦楽をともにしてきた妻へのメッセージでもある。

「妻が体調を崩して以来、家庭最優先で17時、18時には会社を後にしています。この状況が作れているのは、従業員の皆の理解と協力のおかげです」

人生には支えられるときと、支えるときの両局面がある。

起業したときの田村は坂戸社長をはじめ先輩経営者や溶接関連業界の諸先輩方、多くの取引先、妻に支えられた。そして事業の成長期では従業員やその家族の生活を支えてきた。

「とにかく、フルスロットルで仕事をやってこれたのは妻のサポートがあったからです。そして多くの人に助けてもらっていまがあるのだから、お返しをする、礼を尽くすのは当たり前でしょう」

恩と義理に厚いからこそチャンスを得て、真の経営者になった田村だからこそ語れる一言だ。

製作中のSKETTE ROBO 2000

株式会社ワークコスモ　代表取締役

三原光信

15年計画で進める、娘への事業承継、父の第二創業

顧客第一主義を受け継ぎ、
女性視点の新しい塗装サービスを生み出す

COMPANY PROFILE

法人名　株式会社ワークコスモ
事業内容　一般建設業（土木工事業、とび土工工事業、塗装工事業）
法人設立　1994年
所在地　東京都練馬区

娘への事業承継。父の第二創業

成熟期直前が、事業承継に取り掛かる絶好のタイミング

株式会社ワークコスモは、東京都練馬区に本社を構える塗装工事会社である。塗装工事部門の他に、鉄道土木工事部門があり、2つの収益源を柱とし、従業員わずか10名ながら年間5億円を売り上げる優良企業である。

塗装工事部門は、3名からなる少数精鋭部隊で営業・施工管理を行い、主に大手ハウスメーカー系リフォーム会社に高付加価値塗装サービスを提供。顧客から依頼を受けてからの現地調査、見積もり、施工までの迅速な対応が信頼につながり、1か月当たり約18棟の案件が、常に1・5か月先まで埋まる状況が続いている。

創業者である三原は円満な経営を行っていたにも関わらず、なぜ、日本工業大学専門職大学院の門を叩いたのか？　その理由は、塗装工事部門の事業承継と、自身の第二創業のためだった。

「入学のときからテーマは事業承継とはっきりしていました。会社を立ち上げて30年

1

近くが経ち、成熟期を迎える会社のリセットと、事業承継の準備をする。そのために自分が実践してきた経営の知識や能力を客観的に振り返ろうと考えました」

２０１３年に科目履修生として入学。47歳のときだった。

しかし、三原はそれより10年以上も前、32歳で事業が軌道に乗り始めたころには、事業承継の必要性を感じていたという。

「日本の中小企業の社長って皆、なかなか引退しないですよね。苦労して育てた会社に愛着もありますし、自分が引退すると会社の存続は大丈夫かと心配になるのかもしれない。でも俺はあえて、経営状態がいいうちに、自分も若いうちに次の世代にバト

経営者の年齢別事業承継の準備状況

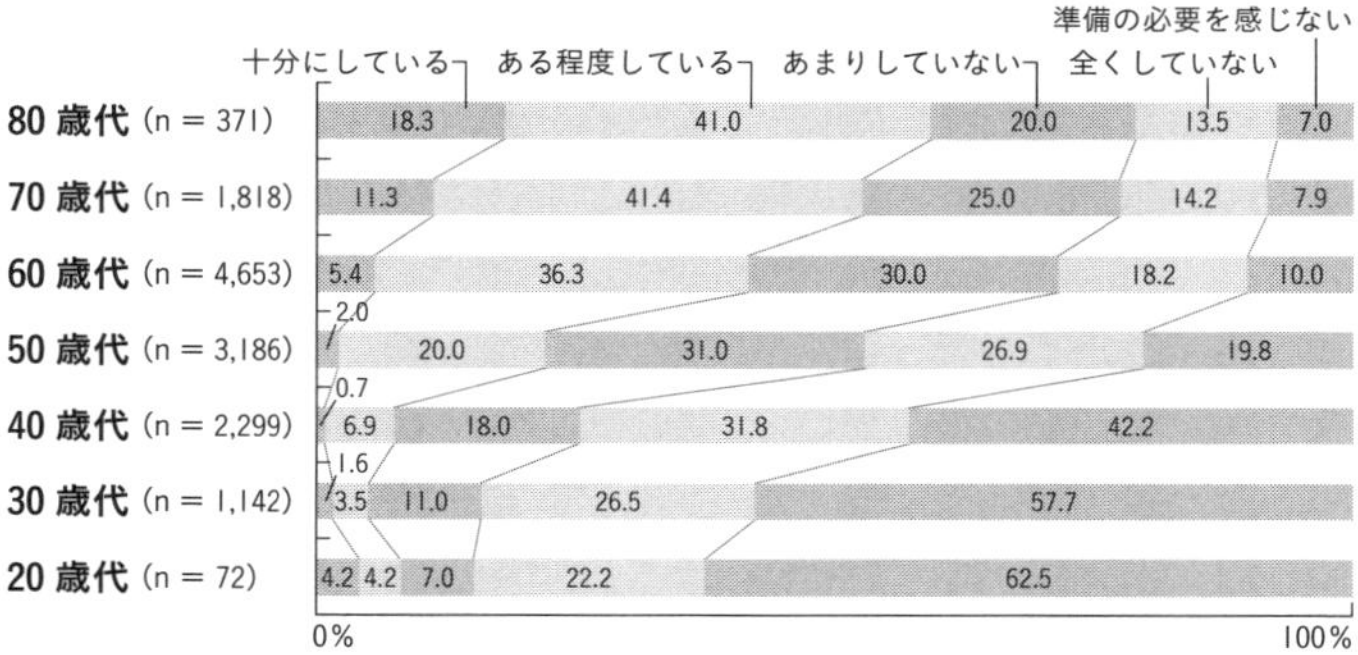

資料：全国商工会連合会「小規模事業者の事業活動の実態把握調査」に基づき中小企業庁作成

ンタッチし、違う角度から会社を支えたいと考えていました」

中小企業庁のデータ「経営者の年齢別事業承継の準備状況」によれば、事業承継の準備を「あまりしていない」「まったくしていない」「必要を感じない」と応えた経営者が60歳代で約6割、70歳代で約5割、80歳代でも約4割も存在している。

経営者の多くが事業承継をまだまだ先のことと考えているなか、三原は早いうちに準備し、十分に時間をかけて取り組もうと考えた。

娘・琴乃を住宅塗装事業部の後継者に選んだ理由

三原には長女の琴乃のほか、3人の息子がいる。また、創業以来、苦楽をともにした職人も大勢おり、多くの後継者候補がいるなか、長女を後継者に選んだ。

「じつは会社を畳もうかと思ったとき、お客さんを職人たちに分け与える方法も考えました。後は皆でやれと。でも、職人はやはり現場で能力を発揮したいんですよね。営業や渉外に不安があるというんです。そんなときに手を挙げたのが娘の琴乃でした。娘も職人として現場で3年経験を積んで、女性の職人たちと独立したいという意欲と目標を持っていた。親子双方のニーズが合致したわけです」

三原は、娘の意欲もさることながら、さらに期待したいことがある。とかく男性の多い塗装業界にあって、顧客との打ち合わせに琴乃なり女性従業員を同席させると、「安心できる」「癒される」という声を頻繁にいただいていたのである。これにヒントを感じていた。

「承継後はいま以上に女性ならでは視点を活かしてもらいたい。私たちのお客様にはアッパーミドル層が多く、大半がご家庭の決定権をご主人より専業主婦である奥様がお持ちなんです（笑）。そこで、先輩職人の力を借りながらも、〝女性の女性による女性のため〟の新しい塗装サービスに期待しています」。

この勘はMOTでの研究で実証され、ワークコスモの次なる事業展開が明確になっていく。

第二創業の新事業と、既存事業との相乗効果

三原は25歳で創業し、腕一本で家族と従業員を養ってきた。事業承継後は自己実現

のための新事業を始めたいという。

「いままでは生きるため、家族のため、従業員のために働いてきました。生活基盤が安定してきたこともあり、これからは自分がやりたかったことにあらためて挑戦しようと思っています」

幼少期は音楽家を目指し、成人になると建築デザイナーもしくはランドスケープデザイナーになりたかったという三原はいま、美術学校と塗装職業訓練校に入学し、美術と塗装の融合性を研究している。

アートの技法を本業の塗装業に活かしたい気持ちもある。美的センスをともなう新しいイメージの塗装職人の育成や芸術を通じた社会貢献をしたいと、夢はふくらむ。

２０２６年、三原60歳のときにスタートする新事業と、従来の塗装業とを融合させ、塗装業界全体のイノベーションを計画中だ。

事業承継・第二創業15年計画と、権限委譲6年計画

中小企業基盤整備機構の調査によると、現経営者が考える後継者の育成に必要な期

間という問いに対し、もっとも多かったのが「5~10年くらい前：29・4%」、次いで「5年くらい前：24・8%」という回答だ。

ワークコスモの事業承継と第二創業は、次図をみるとわかるように15年もの時間をかけ、検討・準備・実施を各フェーズに分けながら、段階を踏んで進めている。

また、「権限委譲の段階的スケジュール」の図もみてほしい。

各年度ごとに外部・内部折衝、投資・経理、経営理念などのカテゴリーを細かく設定し、２０２０年の事業承継までに、承継者である琴乃へ何を伝えるかを可視化している。

事業承継において、「創業者から二代目」への委譲は最も苦労すると言われている。創業者がカリスマであればあるほどなおさら困難は増す。それゆえ、三原のように用意周到に、時間をかけて取り組むことは、多くの中小企業経営者にとって大いに参考になるだろう。

事業承継と第二創業の流れ

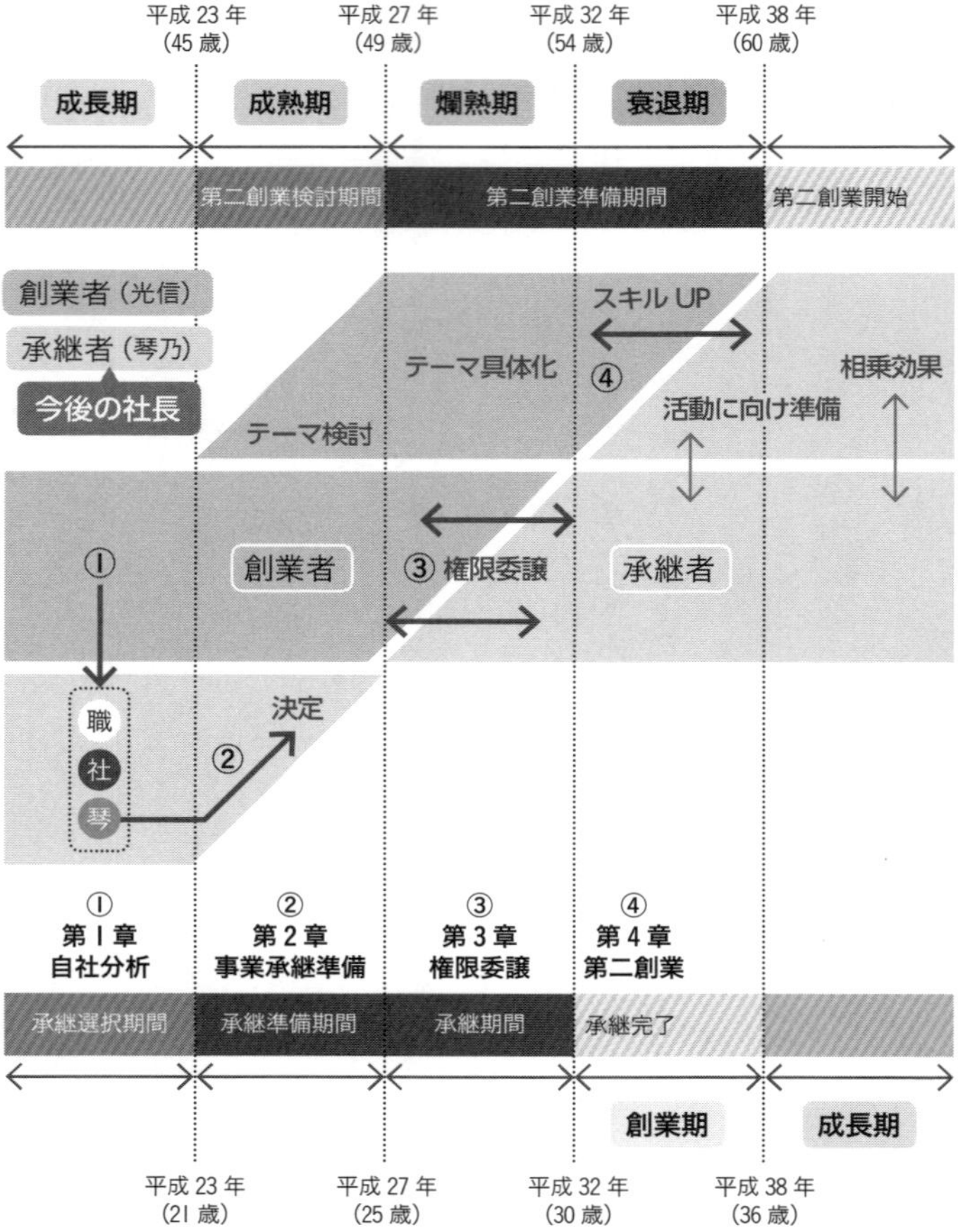

権限委譲の段階的スケジュール

平成32年4月事業承継

権限委譲スケジュール

	年度（期首4月～期末3月）	平成27年度	平成28年度	平成29年度	平成30年度	平成31年度	平成32年度
	光信	49歳	50歳	51歳	52歳	53歳	54歳
	琴乃	25歳	26歳	27歳	28歳	29歳	30歳
	権限委譲時期 ⟶	前期 ⟶		中期 ⟶		後期 ⟶	
外部	案件の選択						
	見積の価格						
	下請とのマネジメント						
	顧客の選択						
	新規事業の選択						
内部	社員の人事権						
	販間費の権限						
投資	社員教育への投資						
	資機材の購入・投資						
	金融機関からの借り入れ						
経理	決算対策（売上・利益等）						
	節税対策						
規律	経営理念						
	雇用規定						

悪ガキからカリスマ経営者へ。その軌跡

2

生きる術は、すべて仕事から学んだ

ここで時計の針を40年ほど前に巻き戻してみる。

学歴なし、金なし、人脈なしから一代で会社を作り上げた三原の半生から、事業を成功させるために必要となるマインドがわかるはずだ。

若いころの三原は自他ともに認める、やんちゃ過ぎるほどの悪ガキだった。その当時からすでに社長になると決めていたという。

「ほんと勉強してなくて、俺がいわゆる普通の会社に勤められるとは思っていなかった」

中学を出るも高校は2か月で中退。その後、訳あって17歳から高校の夜学に通いながら、引っ越し業者で働いた。学校の勉強には相変わらず興味はなかったが、引っ越

しの仕事で、「接客」と「道」を覚えた。

引っ越し業はお客さんの都合で残業は当たり前。学校にまともに通える職種はないかと次に選んだのが産廃処理会社だった。その会社のネーさん（社長夫人）からは「お前、普通じゃなさそうだし、一癖も二癖もありそうだから、うちに来なさい」と言われたという。その会社では１００台ものダンプカーの運転手の配車係、飛び込み営業、交通事故処理、クレーム対応を任せられた。気の荒い人も多い業界、威勢のよさを見込まれたのかもしれない。

彼らになめられないようにと空手を学んだ。そして、「人を動かす技術」も学んだ。

出産祝い金18万円を握りしめて起業

産廃処理業者での仕事をきっかけに、三原は初めての起業をする。21歳でダンプカーをローンで購入し、個人事業で産廃運搬業を始めたのだ。

「それからというもの朝から晩まで働きづめ。それでもローンを払って手元に残るのはせいぜい50万円程度。20代ならこれでいいけど、一生やっていくわけにもいかないなと見切りをつけたんです。何か手に職をつけて親方を張るのが一番いいんじゃないかと考えて、ここはひとつ塗装業で一旗揚げようと決めた」

そしてまずは塗装技術を学ぼうと塗装業者に就職。そこでも半年で親方とうまくいかず、その次も次もと続き、どこにいってもダメだと、25歳でエイヤ！と個人事業で、塗装業を開業する。

「資本金といったらたったの18万円ですよ。しかも、それは琴乃の出産祝い金。娘の祝い金を無理くり掴んで、人生勝負だ！」と、腹をくくって商売を始めた。

守るべき家族がいる。絶対に負けられない勝負に出た。

転機を生んだ飛び込み営業

25歳で塗装業の親方となり、遮二無二に働いて1年で500万円の手残りを残した。そして27歳で法人化。株式会社ワークコスモが誕生する。

親方となって1年ほどは、あるマンション管理会社系列の改修工事会社からコンスタントに仕事を受注し、業績は安定していた。しかし、創業して2年になろうとしたころ、その取引先から裏切りにあう。創業時の主力従業員を引き抜かれた後に、取引停止を余儀なくされてしまった（現在では、元主力従業員は協力業者となり同社にとって必要不可欠な存在となって協力業者の中心人物となっている）。

いま思い返せば、取引先が三原のことを脅威に思っていたのかもしれない。

さらに不運は続く。ときは１９９０年後半、バブル景気が弾け、取引先の倒産が相次いだ。三原は１０００万円近くもの不払いをくらい、損をこうむってしまう。

「いま思えば、そういう筋の悪い取引先と付き合った俺が悪いと思いますね。このときは貯金を切り崩して、借金もして、若い子や職人たちの生活を守ったのを覚えています」

そんなとき、転機が訪れた。

「仕事がくるのを待っていても仕方ないので、みんなに『おい、飛び込み営業やるぞ』と、営業の仕方を教えて、不動産会社や建築会社、遊園地の豊島園にまで行かせました」

若い衆に飛び込み営業の方法を教える一方、三原自身は少し違う発想をもち、独自の販路開拓に奔走した。

「大手に売り込んで、自分のファンにさせようと。そこの会社の営業マンが、俺の営業をしてくれるような営業をしようと考えたんです」

いまでこそ笑い話だが、三原の風貌をみた担当者は最初、地回りが来たと勘違いしたという。初回の訪問こそ相手を驚かせたが、度重なる提案によって取引口座を開くことができた。

振り返えると、この飛び込み営業の成功が、ワークコスモの最初の転機となった。三原、32歳のときだった。

恩義は一生忘れない

転機を与えてくれたのは、大手ハウスメーカー系のリフォーム会社だった。

だが、その最初の現場で、いきなりミスを犯してしまう。

「まず指定された色を間違えて、次はツヤのあるなしの指示を勘違いして。立て続けに失敗したわけです」

しかしその後の対応がよかった。誠心誠意頭を下げることが相手への信頼関係構築につながったと、三原は言う。

「従業員にも失敗を成功に変えろと言いますね。失敗したときは落ち込むかもしれない。だけど、みなの注目を浴びる絶好のチャンスでもあるんです。そこでの対応次第で評価ががらっと変わる。なかなか難しいことかもしれない。俺の場合はもう下に落ちることはできなかったから、いやでもプラス思考になりましたよね」

三原はどんな厳しい状況でも、人にはV字腹筋のように跳ね返す力があると信じる。事業を継続していくには困難と苦労はつきものである。これから事業承継する琴乃や従業員、他社で働く息子達にも自分が経験したような苦労を味わってほしいという。そして、それを乗り越えることで人として大きくなってほしいと願う。

ミスを挽回し、その後も彼らの期待に応えるために、三原たちは睡眠を削って対応した。

「お客さんから夕方に見積もりの依頼がきたとしましょう。俺たちは夜中でもファックスで返事を送りました。朝一番に担当者が会社にきたとき、見積もりが届いていたら相手もうれしいでしょう。仕事だってはかどるはずです。大手企業だと残業するなとか勤務時間の制約があるんでしょうけど、うちはすぐに対応。いまもお客さんのために〝やらされ感〟でなく、〝やる気感〟で当たり前のように対応できているのは、当社の誇りです」

一つひとつの仕事で成果を出し、信頼を積み重ねていくことで、様々な顧客の紹介を受けられるようになった。

そしていまでは受注をセーブし、依頼された案件をお断りするほど仕事が集まってくる。だが、ただひとつ例外の会社がある。件の大手ハウスメーカー系リフォーム会社だ。

「事業が苦しいときに助けてもらって、この恩義は一生忘れずに恩返ししようと思っています。なので、その会社からの依頼は何があっても絶対に対応させてもらっています」

恩を決して忘れない。これが三原の仕事の哲学だ。

最高の営業は、人間力を磨くこと

飛び込み営業で一生お付き合いするお客様と出会った三原がいま思う最高の営業と

は、常に人間力を磨くことに尽きるという。

「学歴や勉強、技術というものはツールでしかありません。人としての優しさ、厳しさというような、この人は〝人間として魅力的か〟というのが最終的に判断されるところです。それは意識しないと磨かれない」

琴乃以下、これからのワークコスモを支える従業員たちにも、顧客に対して本当の人間関係を築いてほしいという。

「仕事をくださいとペコペコするのが営業じゃない。相手の依頼だけに応えるのが職人の仕事でもない。ダメなときはダメと言えて、向こうが困っているときは率先して

お世話になった取引先、関係者への感謝を次世代に引き継ぐ

相談に乗る。フィーをもらって義務を果たすというだけのビジネスライクな関係でなく、もっと人と人の関係で仕事をしてもらいたい。まずは何より、人に好かれる人間になってほしいですね」

あらためて考えた、自社の強み。承継すべきこと、チャレンジすること

3

売上げよりも、品質。ワークコスモの残すべき風土

「うちは、エンジンがついたヨットのような会社です。お客様から吹く風に応じて帆を張り、舵を切って進んでいく。もちろん、踏ん張るときは自分たちのエンジンも動かす」

三原は、必要以上に会社を大きくする気はないという。この考えは事業承継にあたっても琴乃へと伝えられ、守るべき約束として合意形成されている。

「ありがたいことに、いろいろな会社さんから仕事の引き合いがきていますが、これまでお世話になったお客様への貢献が第一。仕事量が増えることは一時的にはいいか

もしれません。でも優先すべきは『塗装とサービスの品質』。高品質という付加価値を維持することで他社との差別化も図れます」

競合他社の多くが価格を下げることで品質を落とし、職人も育たず、クレームへとつながる負のスパイラルに陥っているという。規模を拡大したことで受注量確保に奔走、品質低下を招いたことから経営難に陥った同業他社も数多くみてきた。

それゆえ、ワークコスモは顧客と案件を限定し、品質にこだわる。

実際、毎期の売上げも5億円以下を守る経営を行っている。以上ではなく、以下なのである。毎月行う仕事量も決め、それ以上になるようだと受注をお断りしている。

拡大志向の強い経営者からすると、チャンスロスしているのではないかと感じるかもしれないが、三原にとっては事業の拡大こそがリスクであり、メリットにはなりえない。高付加価値サービスを維持することこそ、業界で勝ち残っていける戦略と考える。

たしかに、コンパクトかつスリムな経営は、大手にはできないサービスを可能にする。規格外の注文や突発的な要求にも迅速に応えることができるだろう。その方針をぶらすことなく継続してきたからこそ、いまのワークコスモがある。

「琴乃だけでなく、従業員にはモノを作ることの喜びは売上げ・利益という数字じゃないと伝えていいます。メーカーさんや施主さん、そして職人達とひとつのモノを一緒に作ろうという気持ちを共有して、達成していくことの大切さを口酸っぱく言っています」。

この考えが、ワークコスモの原点にある。

SWOT分析で、会社の方向性を見定める

三原はMOTコースの総まとめである特定課題研究を作るにあたり、ワークコスモの今後の展開、課題を浮き彫りにするため、SWOT分析を行った。SWOT分析とは、自社を取り巻く外部環境と内部環境をStrength（強み）、Weakness（弱み）、Opportunity（機会）、Threat（脅威）から分析し、経営判断を行う手法である。

まず、三原は自社の内部環境の強み、弱みを整理した。

なんといっても強みは、創業者である三原本人の経営力、営業力だ。

しかし、これは裏を返せば弱みともなる。過去の成功体験に依存していること、ク

ライアントの若手営業マンとのコミュニケーションに課題があるのではないかと気づくことができた。

次に、外部環境の機会と脅威について。住宅リフォーム塗装事業の市場規模は今後も拡大していく。実際、国土交通省・総務省のデータでは2014年に約6・8兆円規模だったのに対し、2020年には8・0兆円規模へと拡大する数字が出ている。とくに塗装リフォームは10～20年に一度は発生するため、景気にあまり左右されない市場である。若き頃の三原が飛び込み営業で切り開いた市場はこれからますます成長するのである。

さらに、ワークスコスモが営業している地域は、主として東京都心近郊である。その地域の人口流出は今後も考えられにくく、むしろ流入が見込まれる。そして流入してくる層はアッパーミドル層がメイン。先述したが、その層の決定権をもつのは奥様方女性なのである。このターゲット層は金額の多寡よりも、デザインと機能、他にはないサービスを求める。ここで、ワークコスモの内部環境の強みである琴乃たち女性視点での塗装が活きてくる。

一方で、脅威もある。塗装を必要としない耐水・耐天候性に富むサイディング技術の進化や、塗料メーカー、工務店などの業種が塗装施工に新規参入している現状だ。また、三原がカリスマゆえに、社長交代のタイミングで協力会社や従業員のベクトルの不一致が出てくることも懸念される。そこは創業者がケアする点だと気づくことができた。

結果、SWOTを踏まえたワークコスモの方向は、次ページのようになった。

すべての人に向けた塗装工事ではなく、ワークコスモの個性を理解する特定層の消費者を対象にしたビジネスモデルを構築する。したがって、施工量はこれまで同様限定していく。

琴乃が代表になるのを機に、「女性顧客の気持ち」に応えられる塗装サービスを提供する。

また、三原が始める新規事業であるアート要素を取り入れた塗装との融合で「用と美」を顧客に提供する新しい塗装サービスを開発する。それを磨き、自社ブランドを確立していくというビジョンである。

守るべきところは守り、世の中のニーズに迅速に対応し、進化し続けていくのだ。

SWOT分析を踏まえたワークコスモの方向性と課題

強み

A 社長の経験力が偉大（ネットワーク、苦境克服）

B 従業員相互間で技能向上（伝説と伝統）

C 顧客と対面でのコミュニケーション能力がある

D 組織力（結束力）チームプレイができる

E 顧客から絶対的な信頼

弱み

F 施工いつも施工キャパ一杯

G 価格競争には弱い

H 他業種の手配が難しい

I 管理者が若手なため、顧客の都合になってしまう

J 一人当たりの負担が多い

K 現社長では将来性がない（人相が悪い）

他社に無い高付加価値な塗装工事

提案力・技術力・顧客対応力・安心と癒し・女性管理者が対応

施工棟数の限定と自社ブランドの確率

自社の強みを生かし顧客にアピールする

若手組織力を構築

教育と時間、経験

外注ネットワーク形成

取引契約書を交わす

現社長の役割を明確化

機会

①新築→リフォーム市場

②人口が都心部に多く住む

③塗料選択は自社材料のみ（塗料メーカー施工部）

④ミドルアッパー以上の顧客は景気に左右されない

⑤女性顧客が意思決定権をもつ時代到来（ミドルアッパー以上の妻はいつも家にいる）

脅威

⑥塗料メーカーが材料と施工を提供（責任施工）保障付き

⑦塗替えを必要としない外壁建材を新築時に施工

⑧工務店等が塗装業界参入

⑨協力業者、社員が弊社を飛越え取引

⑩新規参入業者が増え競合他社が連合を組んで弊社を脅かす

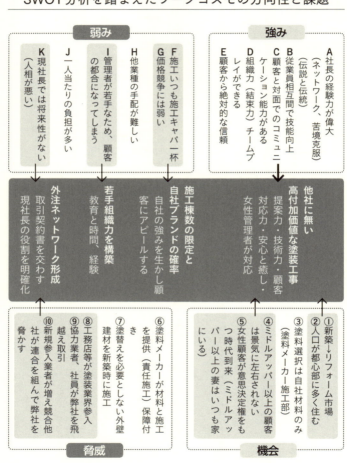

父から娘へ。娘から父へ

特定課題研究の最後に、父・三原光信から娘・琴乃へ。そして琴乃から光信へ、それぞれが承継にあたってお願いしたいことが記されている。

父から娘には、

「生涯、経営理念を全うしろ（時代で見直すことも重要）」

「俺とともに戦ってきたグループの老後は一緒に考えてくれ」

「縁、恩、義理、人情を大切に」

「子育てと経営を両立させろ」など、会社経営者として、ひとりの女性としての生き方について12のメッセージがつづられている。

また、琴乃からは、

「光信とともに事業を育てた先人たちとともに譲渡してください」

「困難が生じたときは知恵を貸してください」

「結婚相手は自分で選ばせてください」など、若きひとりの女性として、そしてこれから経営者になろうとする者からの12の願いが、父・光信に投げかけられている。

事業承継の成功には、151ページにあったような実務面での権限委譲やノウハウ継承が必要不可欠であろう。しかしもっと大切なのが、新社長と元社長との価値観の共有と合意形成である。

最後に、琴乃からの所信表明を記す。

「女性の社会進出が増えている中、子育てと会社経営を両立させ、今後の社会に貢献できるモデルケースの一つになれるよう、頑張って行きます。そして将来を担う若手世代として、塗装業界に沢山の若手を呼び戻し、弊社の経営理念である「未来の社会

次なるワークコスモを担う娘・琴乃

に貢献する」を全うして行く次第であります」

２０２０年から始まる、新生ワークコスモに期待がふくらむ。

株式会社ヒバラコーポレーション　代表取締役社長

小田倉久視

日本初コンサルティング型 工業塗装

マザー工場とITのコンビネーションで距離の壁を克服。

工業塗装業界に革命を起こす

COMPANY PROFILE

法人名	株式会社ヒバラコーポレーション
事業内容	工業塗装、ソフトウエア開発(生産管理ソフト)、IoT型塗装工場管理ビジネス、DLC(Diamond-Like-Corbon)表面改質
法人設立	1973年
所在地	茨城県那珂郡東海村(本社工場)、東京都飯田橋(営業事務所)

1

「コンサルティング型工業塗装」という新業態を作った男

青息吐息の工業塗装業界

株式会社ヒバラコーポレーションは、茨城県東海村に本社工場を構え、千代田区飯田橋に東京事務所を置く、社員数40名の工業塗装の中堅企業である。社長の小田倉久《ひさ》視《み》は、26歳で家業を受け継ぎ、22年間で年商を4倍にまで成長させた。

東海村は、日本の原子力発電の誕生の地であり、現在も近隣市町の太平洋沿岸部は日本の原子力産業の拠点となっている。この地はまた、日立製作所のグループ企業が数多く存在する企業城下町でもあり、ヒバラコーポレーションの主要取引先約40社にも日立グループの名前がみられる。

日本の金属製品塗装業界は、多くの発注メーカーの工場海外移転により、製造品出荷額が２００２年から２０１１年で24％減り、事業所数も12・５％減少している。塗料の生産量で見ると、2006年をピークとして下り坂をたどっており（2012年がピーク時の20％減）、ＢｔｏＢである工業塗装業界は衰退からの回復の兆しが見られない状態である。

また、下請け受注産業の典型である工業塗装は、昨今コスト削減の煽りを受け、どの企業も成長どころか利益を確保することすら四苦八苦している。

そんな中で、順調に売上げも利益も伸ばしているヒバラコーポレーションは、きわめて特異な存在と言わなければならない。

距離の壁を超えたコンサルティング型工業塗装

ヒバラコーポレーションの飛躍の原動力はＩＴのフル活用にある。それも単なる業務のＩＴ化にとどまらず、業態自体を変革させるまでに至っているのが大きな特徴である。

工業塗装業の近年の課題として、①ベテラン技能者の不足、ならびに若手技能者の育成の遅れ、②技能者不足に起因する品質の不安定化、③環境へ負荷をかけないためのコスト増などが挙げられる。

これらの課題を、塗装技術の改善と塗装プロセスのデジタル化によって克服するとともに、小田倉はさらに、これまでに業界が課題とすら認識していなかった工業塗装の限界に挑戦しようとしている。

それが、工場の出前ともいえる「圏域外ビジネス戦略」である。そもそも、工場と設備を構える部品加工業は、自分の工場を中心とした半径数キロ以内を商圏としてビジネスをしている。それは工業塗装も同様である。限られた顧客エリア内での競争は、価格競争にならざるを得ず、赤字受注もありうる。当然ながら新規顧客を増やすこともできない。工業塗装業には、「距離の壁」がつきまとうのだが、これを宿命的なものと捉えずに、乗り越えるべき課題として考え、実際に挑戦したところが小田倉の異才たるゆえんである。

小田倉は、自社工場での塗装プロセスデータを蓄積し分析することで、品質の安定化とコスト削減に成功したが、そのデータを用いるならば、圏域外に存在する製造メーカーの塗装部門に対して、コンサルティングと請負が可能であると考えたのだ。

多くの製造メーカーは自前で塗装部門をもつが、その多くは部門人員が10人前後である。前述したように、技能工の不足や設備投資の遅れで、品質の不安定化とコスト増が問題となっている。製造ラインにおいて塗装セクションがボトルネックになっているケースが多々あるところに小田倉は目をつけたのである。

顧客の要望を拾い上げ、最適の解決策を提案する（塗装コンサル分析）↓資材を集中購入して、自社工場をマザー工場として、本社スタッフと現地採用のスタッフが、生産管理ソフトを活用してオペレーションを受け持つ（請負ライン）――という流れである。小田倉はこの生産管理システムを商標登録して、「ＨＩＰＡＸ（Hibara painting support system）」と名付けている。

これにより発注側は、低コストで高品質の塗装部門をよみがえらせることができるわけで、まさにＷＩＮ－ＷＩＮの関係といえる。

自社工場を核として、圏域外にファブレスな請負ビジネスを展開していく。これまでにどの塗装企業もやれなかったことを可能にしているのは、ひとえに品質と生産工程のデジタル化に注力してきたからである。ここにヒバラコーポレーションの独創性と競争優位がある。

小田倉は語る「家業を受け継いだ当初から、ソフトウエアという便利なものを、塗装工場であっても利用しない手はないと考えていました。データベースを作ることができれば、塗装業を生まれ変わらせることができる、と確信していたのです」

小田倉の〝ITと塗装業の結婚〟という発想は、一朝一夕のものではない。小田倉のたどってきた軌跡から、その発想の源を探ってみよう。

大学生の頃から旺盛だった事業欲

小田倉は、大学に入るときに父親に名義を借りて銀行からお金を調達して自分でビルを建てた。なんと10代にして不動産業を始めたのである。銀行返済と学費とビルの修繕費で、儲けは出なかったが、現在でも貸しビルとして機能している。

その当時の心境を小田倉は、「とにかく何か事業をやりたかった。何をやるかはわからなかったのですが、将来への布石としてビルを建てたのです」と語る。小田倉が商学部の経営学科を選んだのも、不動産賃貸でコストと収益の関係を実地で体験しようとしたのも、事業家としての自分の将来像を描いていたのだろう。

また、小田倉は大学生活の最中、初代である父親を交通事故で亡くしている。日立地区に残された母や妹を思い、大学卒業後は同地区に戻ることを念頭に進路を考えた。当時、近い将来ソフトウエア技術者の不足が騒がれていたことから、大学に通いながらソフトウエアの専門学校にも通い学んだ。大学の卒論も「ソフトウエア開発におけるコストトランスファー技法とソフトウエア技術者の育成」であった。

大学を卒業した小田倉は、将来のコンピュータ社会を念頭に、日立エンジニアリングに入社してSEとしてソフトの設計業務に携わった。

そして、4年間のサラリーマン生活に終止符を打ち、26歳で家業の工業塗装を継ぐ。

小田倉が社長を継いだ頃は、年商1億円程度で社員数は14、5名。この地区には塗装工場が6社あったが、バブル崩壊後、苦しい状況が続いていた。

「なにしろ経営経験がないので苦労しました。まだMS－DOSの時代でしたが、SEをやっていましたから、ソフトウエアをどう塗装業に活用するか、そればかり考えていました。3K（きけん・きたない・きつい）と言われる職種でしたが、データベースを作ることができれば、それを克服できるのではないかと考えたんです。どんな手法を用いれば良いのかはわかりませんでしたが、少なくとも時代がますますコンピュータ化していくということだけはわかっていました」

当時のヒバラコーポレーションは、利益を生むことができない状態であった。損失を出さないのが精いっぱいで、工場も装置も買えない、設備も更新できない。工業塗装は構造的に大きな利益が生まれにくいからである。

小田倉は2000年に自費を投じて、ODSというソフトウエア会社を設立する。まったく塗装とは関係のない別の収益源を作る必要性を感じたからだ。またそれは塗装業のIT化への布石でもあった。ODSは38名の人員で日立グループからプログラム設計を請負い、目論見通りの成功を収め、2年後にヒバラコーポレーションに統合した。2008年にはソフトウエアの売上げは同社全体の売上げの45%にまで伸びた。不安定ながら利益率の確保も行い、小田倉は工場増設と人材教育に投資したのである。

ITを使わなければじり貧になる

2

高卒新入社員の親に言われた言葉

実は塗装業が好きではなかったと語る小田倉。それがあるきっかけがあって、がぜん本業に力が入るようになった。

「ある年に高校を卒業した新入社員が入ってきました。入社した次の日にその子の親が来て『大変申し訳ないが、この子をこの会社に入れるわけにはいかない。辞めさせてくれ』と頭を下げて言われました。その方も近所の工場で働いているのですが、私の会社にはわが子を預けてくれないというのです。ものすごいショックでした。3Kと呼ばれていたことはもちろん知っていましたが、悔しくて仕方がありませんでした。そこでITの技術を使ってなんとかしたいと考えるようになったのです」

ITの導入は、3Kの克服だけにとどまらなかった。小田倉はベテラン技能工の経験をデジタルデータ化することで、塗装業界に共通する悩みである「ベテラン技能者の不足と若手技能者の育成の遅れ、それに付随する品質の不安定化」が一気に解決できるのではないかと考えたのだ。

工業塗装業界の抱える課題

工業塗装業界にはいくつかの解決しなければならない課題がある。一つは商品力の向上で、これは主に仕上がりの外観と機能性に関わる問題である。機能性の多くは塗装を施すことによって、錆びにくくなることなどを指している。二つ目が環境対応である。環境対応は、VOC（揮発性有機化合物）の削減、CO2の削減、有害物質の削減などがあり、特にVOCについては排出規制が定められている。3つ目の課題が、経済性である。工程の短縮化や省人化、省資源化などがこれにあたる。

塗装方法は、溶剤塗装、水性（電着）塗装、粉体塗装の3つに大きく分けられる。表を見ても分かる通り、各塗装方法は一長一短であり、各種製品に合わせた塗装方法をとらなければならない。

小田倉はカチオン電着に目を向ける。今後の工業塗装の主流はこれまでの溶剤塗装から水性塗装に代わっていくだろうと予測したからだ。カチオン電着塗装とは、電圧と電流と電極の組み合わせで塗料を材料に固着させるシステムで、環境対策としては最も優れるが、外生変数の影響を受けやすく、塗料や設備管理にもノウハウを要する塗装方法である。

このノウハウにこそＩＴ技術が応用できると考えたのである。

カチオン電着に目を向けたもう一つの理由が、技能者の多能工化である。昔の塗装技能者は短期間の経験で利益を生んだが、最近はそうではなくなった。塗装技能者が

溶剤塗装・水性塗装・粉体塗装の技術課題

分類	項目	溶剤塗装(第1,2石油類)	水性塗装(カチオン電着)	粉体塗装(TGIC系)
環境	CO^2削減	○	×	×
	VOC削減	×	◎	○
	塗料ミスト	×	○	△
	有害物質	△	○	×
経済性	回収性	×	○	○
	色替え	○	×	×
技能	塗装レベル	△	△	◎
機能性	商品力	◎	○	△
総合判定		9点	12点	9点
課題		・低塗着効率(廃棄物多い) ・塗装作業難(レベル高い)	・外生変数影響大 ・塗料&設備管理難	・乾燥温度が高い ・硬化剤に毒性あり

経験曲線の違い

HIPAXの導入メリット

①短期間で熟練者レベルに
②熟練者塗装品質の継承
③パラメータの一元管理
④多能工化（人材不足補完）
⑤塗装技術 DB 化（遠隔地対応）

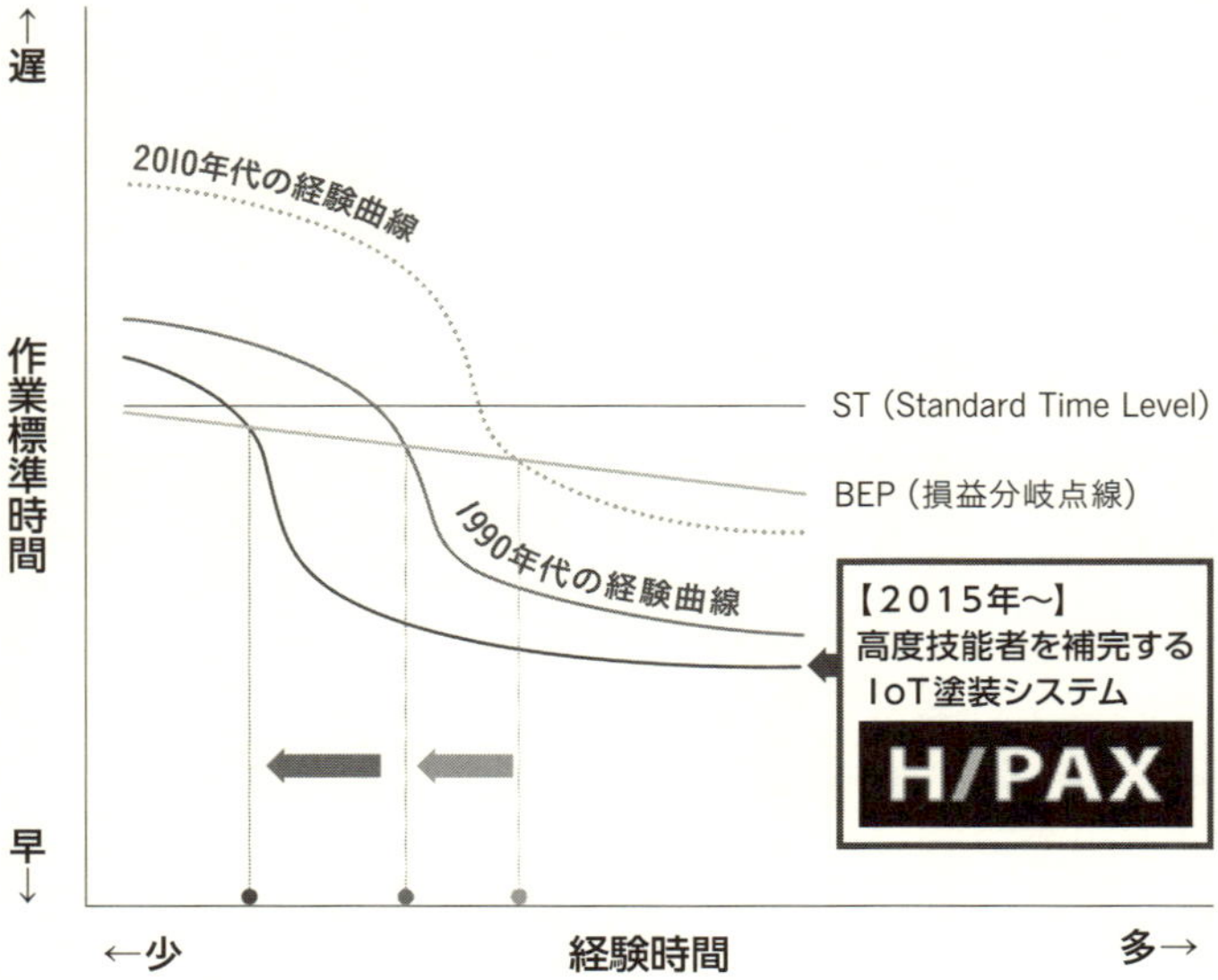

H/PAX …… 高度技能者を補完する塗装システム

育ちにくい環境にある。下処理だけでも機械化して制御塗装で行えれば、技能者を別な仕事に振り分けることができるのである。ヒバラコーポレーションのカチオン電着は完全自動化ではないが、その代わりに汎用的な設備として稼働している。

ちなみに、小田倉はカチオン電着の将来性にかけて大型のカチオン電着設備を導入するが、別に大手クライアントからの要請があったわけではない。通常、大手と下請けの関係では、「この機械を入れたら、この仕事を発注する」という形で設備投資が進むのだが、小田倉は独自で判断して独自で投資を行った。これは企業城下町にあっては、きわめて異例なことであるが、この判断が現在のビジネス展開に大きく寄与してくるのだ。

生き残るための戦略

小田倉はまず、地元の圏域内でどう生き残っていくのかを模索した。同業者間で限られたパイの奪い合いになるのだが、まずここで生き残り、残存者利益を獲得しなければならない。

小田倉がとったのは、塗装パラメータデータ利用による多能工化の推進と、バリューエンジニアリングによる塗装工法の改良、そして情報ソリューションを利用した営業展開である。

塗装パラメータデータ利用による多能工化の推進とは、カチオン電着でのデータとノウハウを蓄積し、品質の標準化を図ることである。これにより、スタッフは作業の効率化が進み、より多くの技術を習得する時間ができる。

バリューエンジニアリングによる塗装工法の改良では、仮設立証テストを繰り返しながら従来工法の改善策を議論し、これまでのベテラン社員が抱いていた先入観を捨てさせ、顧客価値とバランスのとれた品質が得られる工法を追求した。その結果、従来よりも仕掛時間40％削減、産業廃棄物40％削減を実現した。これにより、社内に共通の価値観を形成することに成功したのである。

情報ソリューションを利用した営業力の強化は、顧客が自社工場の作業進捗状況をビジュアルで確認することができる生産管理システム「ＨＩＰＡＸ」の提案がそれにあたる。顧客先の管理者と現場担当者の工程に対する悩みを、「全作業の〝見える化〟による１００％の業務把握」で解決するソリューション営業を展開したのだ。

IOT型塗装工場運営ビジネスというビジネスモデル

圏域外ビジネス戦略で夢を描く

小田倉の真骨頂は、圏域外でもビジネスチャンスをつかめるように、工業塗装の新しいビジネスモデルを構築したことだろう。それは小田倉の危機感から出た発想であった。

「工場出荷額から見れば、圏域内のお客さんは減っていく一方です。たとえ圏域内で勝ち残ったとしても、下請けの関係のままであれば夢が描けない。値段を下げる交渉が毎月のようにあり、これを続けていると企業体力を消耗するしかないでしょう。では、我々はあきらめなければいけないのでしょうか。そうはいかない」

自分たちが夢を見るためには、なんとしても距離の壁を乗り越えて圏域外でビジネスを成功させる仕組みを作らなければならない。

小田倉は、制御系塗装のノウハウと人材を擁して、「塗装工場、塗装部門の請負ビジネス」という方向に舵を切った。

「大企業も省人化で塗装部門の人材を育て上げることができないし、知識も蓄積できていません。そこに目をつけました。私たちが何年か前に悩んでいたのと同じことをクライアントは悩んでいる。だからクライアントの気持ちがよくわかる。先にＩＴで解決した私たちが、その悩みを解決してあげるというのが、コンサル型塗装です。具体的には、設定値が見つけられないという悩みが一番大きいんです。色調が思うように出せない、一定しない、塗料が付着しない、塗装材料を多く使ってしまうなどで、しかも社内では原因がわからず、解決策もない。塗装部門において、技術コントロールができなくなっている企業が増えているということです」

現在、塗装部門でしっかりレシピが整備されているのは、環境対応にシビアな自動車メーカーや一部の大手製造メーカーぐらいで、その他の製造メーカーはコストを抑えるために社内に塗装部門を持っていた節もある。そこが困っている。塗装部門の人間を育てていないし最新の知識がないから、環境対応もできないし、設備のアレンジ能力もない。

「塗料メーカーはそうした企業に設備の更新を提案してきますが、とても高くて予算が組めない。そこで弊社が実証データをもって提案します。全部新規で揃えると2億5000万円かかるところを10％の2500万円で可能にする案を提案します。なぜそれができるかといえば、私たちの工場で、機械や装置を改造してできることを実証しているからです」

小田倉のビジネスモデルは、発注側から見ると、BPO（ビジネスプロセスアウトソーシング）になる。

請負塗装を可能にする「制御塗装ノウハウ」と「生産管理システムHIPAX」

塗装ラインの請負ビジネスをやるためには、二つの条件がある。一つは、品質とコストを一定に出来得るノウハウを構築していること。もう一つは、本社と請負先の距離と時間差をゼロにする管理システムがあることだ。

品質とコストを一定にするノウハウは、塗装技術のデジタル化によって構築される。本社のマザー工場で得られたパラメータデータファイルをデータベース化し、分析プログラムによって、顧客先での最適希釈率や最適ノズル番号を顧客側に提案し、なおかつ技術のサポートを行う。塗装が距離に制約されるというのは、同じ人がやらないと再現性が実現できないという面もあった。蓄積したデータが属人的な技術にとって代わることで、だれがやっても一定の品質をキープすることが可能になったのである。

しかもこうしたやりとりは、すべて生産管理システムＨＩＰＡＸ上で行われる。ＨＩＰＡＸは、顧客から下請けまでの全業務を見える化する次世代型生産管理ソフトである。

ＨＩＰＡＸは、①ネットワークを通じたサプライチェーン管理、②設計ＢＯＭと連動した超効率的な資材発注、③全作業の見える化による１００％の業務把握、④多機能管理を低コストで実現、⑤見積もりの履歴管理が可能、⑥業務ごとにカスタマイズが効く、⑦高性能のデータベースで信頼性が高い、といった特徴をもつ。

これによって、生産管理のコストダウンを図り、誤発注や誤入力を防止し、管理のための時間を大幅に短縮することができる。

IoT型塗装工場運営ビジネスの推進

ビジネスモデルA

450m^2 / 日、80万 / 日 / ライン

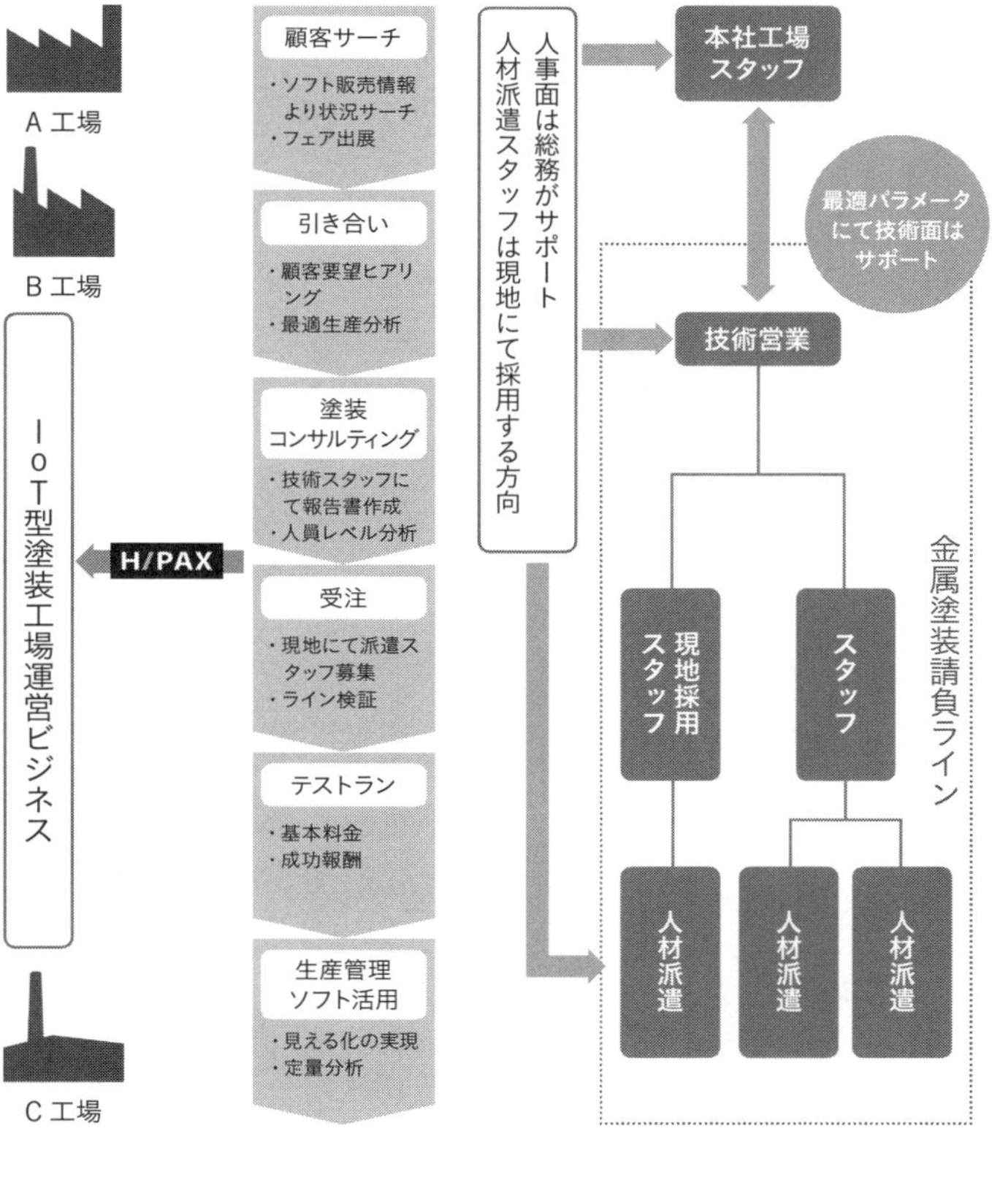

生産管理システムHIPAXのしくみ

01 ネットワークを通じたサプライチェーン管理

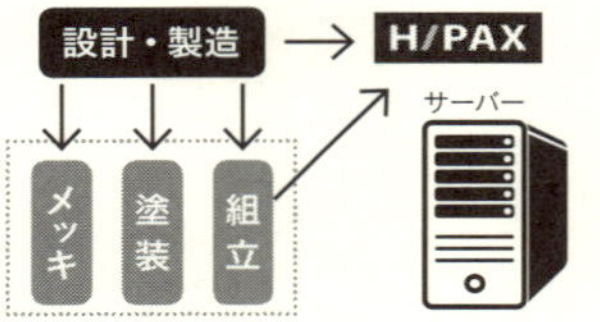

02 設計BOMと連携した超効率的資材発注

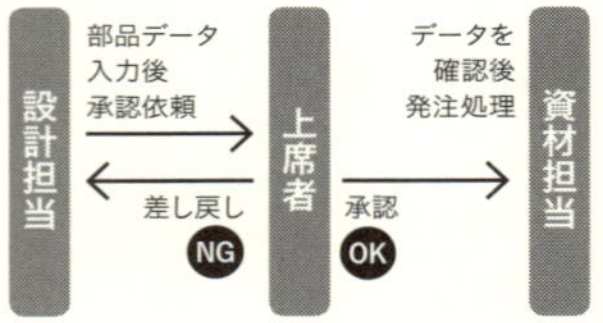

03 全作業の“見える化”による100%業務把握

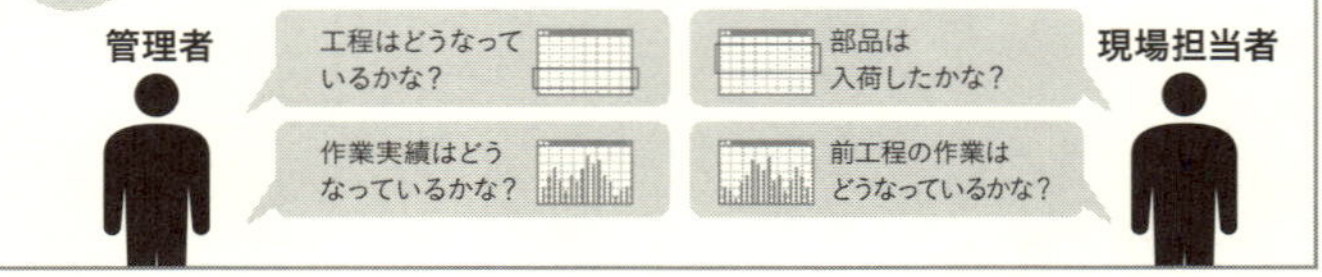

04 “多機能”を備えた業界最安値を実現

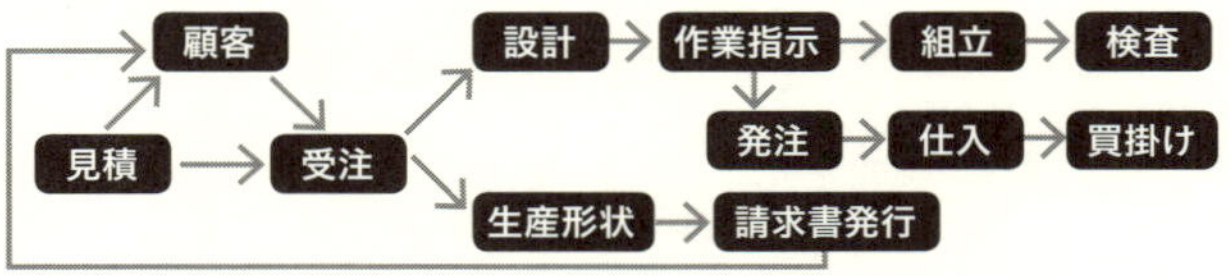

05 見積もりの履歴管理が可能

06 自由開発ゆえの自由なカスタマイズ

07 信頼性のある高性能データベース

成功事例の積み重ねが最高の宣伝になる

では、この請負塗装の顧客となる対象企業は、日本全国でどのぐらいあるのか。

「私どもで金属塗装ラインを請負う対象としている企業は、関東だけで290社程度と概算しています。日本全国では、900～1000社ぐらいでしょうか。現在、成功事例を積み重ねているところです」

成功件数が増えれば、それ自体が宣伝にもなるだろう。塗装技術のデジタル化は、いまのところヒバラコーポレーションの独壇場である。これが同社の強みであり、利益率を高めることに寄与してくれている。

実際に最近は、中国地方や東北から、請負のオファーが入ってきている。まさに距離の壁を打ち破ったといえよう。

小田倉は、その先も見据える。

「いずれこの請負塗装ビジネスは海を渡るでしょう。海外に進出した日本企業だって、国内の企業と同様の悩みを抱えているはずですから。現地の日本企業メーカーにもインターネット・オブ・テクノロジーで最適な塗装ノウハウをデータ化し、ＩｏＴ型工業塗装システムを提供していこうと考えています」

社内の課題について、小田倉は、個々の塗装工の能力の標準化を図る一方で、組織の再編も視野に入れている。トップダウンによるリーダーシップ型から、個の知恵を活かす組織への移行である。

「これからの組織を考えると、ベテランの社員と若手社員とこれから入社する社員が、同じ価値観を共有して仕事をしてほしい。顧客の視点に立って複眼的に考える癖をつけてほしいと願っています」

実現したい未来

自主自律型組織へ再編

今までの体制を作り上げる過程

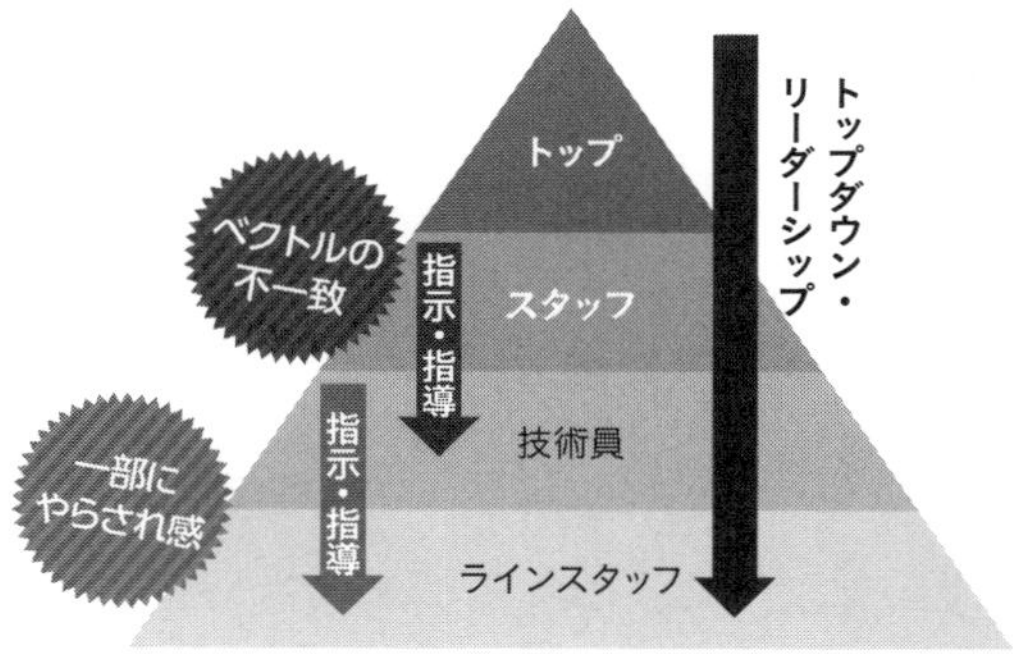

『個』の知恵を生かす組織作り

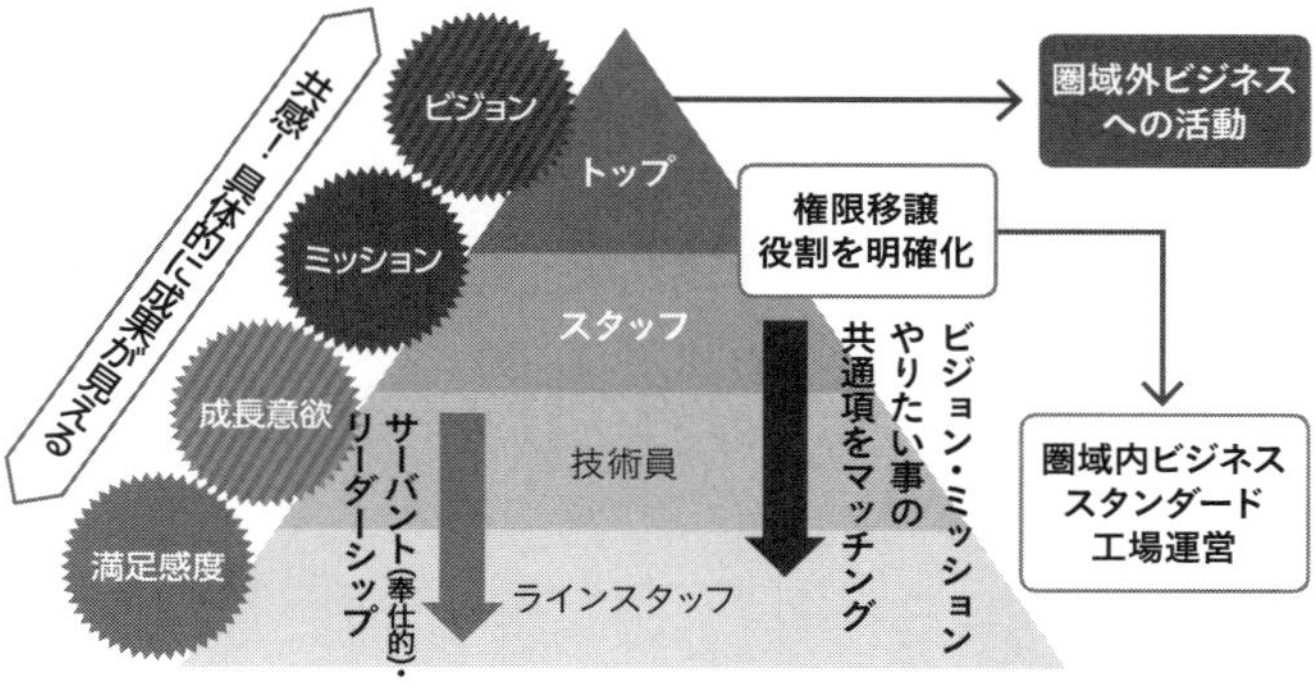

4 MOTの学びと父の教え

経営のスタンダードを学びたかった

社長就任20年目の2013年、小田倉は日本工業大学専門職大学院でMOTのコースに進む。

「これまでもいろいろな局面で経営者として決断してきましたが、その判断はいまの経営環境下で本当に適切だったのか、自分ではわからないわけです。経営の最新基準がどこにあるのかを知りたかったんです。会計でいえば、管理会計においてどう投資効率を図っていくのか、どうリスクを回避するのか、その判断基準を学びたかった。これから新しいビジネスを始めるには、基準となるモノサシがないと戦えないと痛感していました。自分の経験値だけでは、もう一段飛躍しようとしたときに限界があるのです」

ここでの1年間の学びは小田倉にどんな影響を与えたのだろうか。

「実践ベースの授業が多かったので、貪欲に取り込みました。統計学では、どの程度の規模まで母数を取り込めば数字に妥当性が出るのか学びましたが、実際に工場でのデータベース作りに活かされていますし、特許の授業も非常に役に立ちました。同級生にも大いに触発されました。経営者だけはなく、国際機関勤務の方や外国人など多彩なキャリアを持った学生が集まっていたので、そういう方々とディスカッションすることで、これまでの自分にはない視点や気づきが得られたことも大きかったです。従業員や金融機関の人とは話せるテーマも限られてきますから、率直に意見を交わせることができる機会は、本当にありがたかったです」

　小田倉は、ここでの学びがその後の飛躍

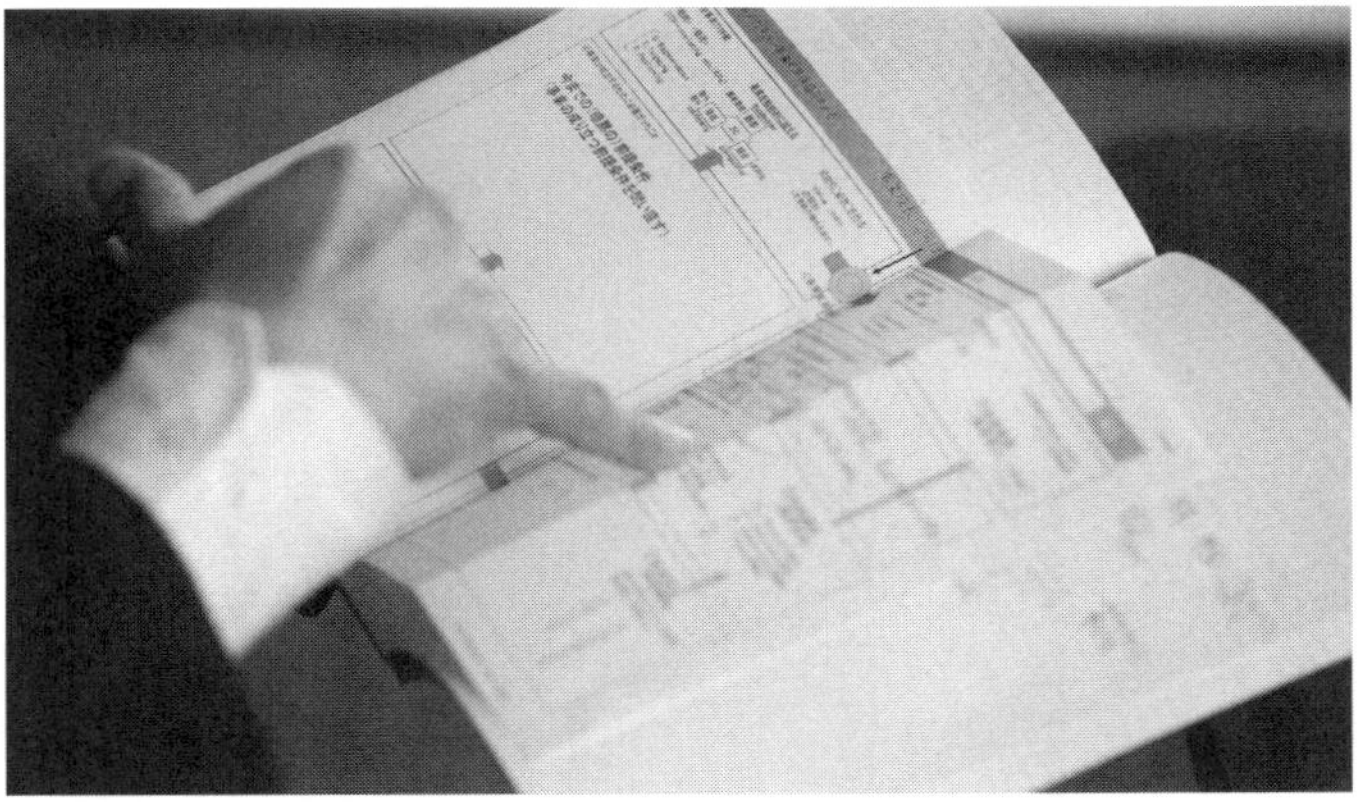

大学院で学んだ際のノート

につながったことを力説する。

「あの大学院に通っていたときの〝熱さ〟がなければ、工業塗装の限界を破る新規ビジネスの答えは見つけられなかっただろうと思います。日常の業務に埋没していては得られない視点が得られた。これは実は知識というよりもマインドの部分が相当大きくて、実業家とはどうあるべきか、経営者とはどうあるべきかについて、考える時間を充分に得られたことが、次のステップにつながったのだと思います」

自分の評価は他人が決める　父の教え

小田倉は、塗装業は製造分野だが、サービス業でもあるという。常にお客様視点であれと従業員にも指導している。

「塗装というのは、お客さんの製品を雨風から守る、きれいに見せるという機能性があるので、私はサービス業だと思っています。気をつけなければならないのは、技術を追求していくと、いつのまにか天狗になってしまうことです。これだけ苦労して方法を確立した、腕を上げたといった自負が前に出過ぎると、お客さんの要望が変化したときに柔軟に対応できなくなり、自分の意見を押しつける傾向がある。我々がお客さんを選ぶんじゃない、お客さんが我々を選んでくれるんだということは、従業員には口を酸っぱくして言っています。丁寧な対応と納期の厳守はサービスの基本ですね」

さらに、自分を戒める意味も込め、毎朝社員と一緒に五省を唱えている。

「五省は海軍兵学校で用いられていた訓戒ですが、30歳のときに、空手を習い始めてそこで出会いました」

一、至誠《しせい》に悖《もと》る勿《な》かりしか
一、言行《げんこう》に恥《は》ずる勿かりしか
一、気力に欠《か》くる勿かりしか
一、努力に憾《うら》み勿かりしか
一、不精《ぶしょう》に亘《わた》る勿かりしか

学生時代から旺盛な事業意欲で取り組んできた小田倉は、「自分のことだけ考える事業の展開は考えていません。これは亡き父の影響が大きいでしょう。多くを語る父ではありませんでしたが、父からは『自分の評価は他人が決める』『そのときの他人から学べ』と言われたのをよく覚えています。ものごとを自分だけの尺度で考えることは、けっして許してくれませんでした。父から工学系の大学に行けと言われたときには大喧嘩になりましたが、いま考えると、私を支えているのは、技術以外のなにものでもないわけですから、父の言っていたことも半分は正しかったのです」

インターネット・オブ・テクノロジーで商圏を広げていく

「新しいビジネスの構想から実現までは長くて5年」と語る小田倉。工業塗装の「圏域外ビジネス」を軌道に乗せた後の次のステップはどう構想しているのだろうか。

「マザー工場を核として、技術の再現化を精緻に図る。これがベースになります。私たちの技術を必要としている会社にアプローチして、ニーズに即した開発を行っていきたいと考えています。加工の世界は、2次元を3次元に移し替えることがどんどん可能になりつつあります。プログラミングを使ったロボットアームによる塗装手法もこれから主流になるでしょう。製造業でもインターネットを使って、距離の壁どころか国境を越えて作業が同時進行で進む時代がきます。会社を継いだ時点からの夢はグローバル展開することですから、ＩｏＴ（Internet of Things）を私は「Internet of Technology」と読み替えてその夢を追求していきます。そのときに重要になるのが、マザー工場での実証性の研究であり、それをもとにしたデータベースの構築です」

「日本の我々のような中小企業が継続的に発展を続けるには、インテグラル（擦り合わせ技術）をいかに戦略的に位置づけし、経営技術の中心にとらえるかです。それが私たちの生き残る道であると考えています」

株式会社住田光学ガラス　代表取締役社長

住田利明

取締役統括営業部長

大和紀雄

営業部次長

佐藤忠信

国内外からオファーが殺到する「光の駆け込み寺」

自由闊達「放し飼い」集団が、世界初の製品を作り出す

COMPANY PROFILE

法人名	株式会社住田光学ガラス
事業内容	光学機器用光学ガラス及び加工品などの製造販売
法人設立	1953年
所在地	埼玉県さいたま市浦和区

写真上：住田利明、下左：大和紀雄、下右：佐藤忠信

「自由に、自在に、しなやかに」

ゲージの中ではない放し飼いのニワトリ集団

株式会社住田光学ガラスは、カメラ、ビデオ、顕微鏡、内視鏡などに扱われる光学ガラスをはじめ、光ファイバーや非球面レンズなどの開発・生産を行う企業だ。埼玉県さいたま市浦和区に本社兼工場を構え、福島県南会津町に工場を2か所、海外ではドイツに販売拠点を持ち、従業員370名、売上げ約45億円（2015年8月期）を誇る。

人工での開発は不可能と言われていたホタル石に代わる光学ガラス「ホタロン」や、製造が困難を極める屈折率2・0を超える光学ガラス「K-PSFn214」など、常識破りの製品を次々と世に出し、国内外から注目を集めている。

浦和区にある同社本社を訪れると、社長の住田利明と、同社のマスコットであるニワトリ「ナゼ太郎くん」が、迎えてくれた。

「当社は1953年に創立され63年の歴史があるのですが、あるとき先代に『うちの

1

会社はなぜ次々と新製品が作れるのだろう？』と聞いたことがあります。そのとき、オヤジは『それは、庭で放し飼いにされて育ったニワトリみたいな従業員がいるからだよ』と言ったんです」

狭い会社のゲージの中に安住する常識的な人材ではなく、やる気と才能にあふれる個性的な従業員が自由闊達に飛びまわる社風。「自由に、自在に、しなやかに」を経営ポリシーとし、研究・開発・営業などすべてのスタッフが自身の仕事に没頭できる環境を維持し続けているからこそ、世界に類をみない製品を生み出し続けることができるという。

創業者のＤＮＡ。独創の系譜

住田光学ガラスの自由闊達な社風には、住田の祖父であり、創業者の住田利八の人間性が影響しているかもしれない。

「祖父は私が10歳のときに亡くなったので、もっぱら話を聞いていたのは、オヤジからでした」

利八は日露戦争の際、戦死者5000名以上もの犠牲者を出した中国・遼東半島の丘「203高地」の兵士として戦場にいた。利八は集団で突撃する任務のさなか、ひとり集団から離れて敵陣を突破し、手柄を挙げた。戦果により勲章も受けている。

住田は利八について、「人と同じことをするのが嫌いな人だったのだろう」と話す。住田光学ガラスには創業者である利八の〝人と違うことがしたい〟というDNAが脈々と受け継がれているのではなかろうか。

「DNAというと大げさだけど、たしかに『ユニークな会社ですね。普通と違うね』と、お客様やお取引先から言われるのが一番うれしいですね。これからも個性的な会社であり続けたい」

ユニークな製品と、数々の受賞歴

住田光学ガラスの製造するガラスは、レンズやプリズム、光ファイバーなどに使われる光学ガラスだ。デジカルカメラやスマートフォン、車載カメラ、防犯カメラ、医療用スコープなど様々な分野で活用されている。

ガラスの原料調合から熔解、加工、製品化まですべてを一貫した製造ラインで行えるのは、世界でも例がないという。

「一貫生産方式は効率第一の昨今ではあまり望まれないかもしれません。しかし、社内への技術の蓄積という点で、大きなメリットがあります」と、住田は答える。

MOTコースのゼミ担当教授であった清水弘も「住田さんは会社の規模の割に設備を内製し、素材企業だけれども、ガラスだけでなく装置やソフトウエアも作れ、計測技術も持つ。やれる仕事の範疇が広いのが強み。装置がないなら自社で作ってしまおうという文化がある」と評価する。

高い技術力ゆえに、住田光学ガラスはこ

「従業員の満足を最優先する」と語る住田

れまでに国内外さまざまな賞を受賞してきた。

その機先となった製品が、１９８５年に開発した「非球面レンズ」だ。

カメラに使われるレンズは従来、「球面レンズ」が使われていた。球面レンズはレンズの中央から入ってくる光と、レンズの端から入ってくる光の焦点がずれる「収差」という課題があり、種類の違う球面レンズを何枚も重ねて収差を小さくする手間があった。この課題を解消し、一枚のレンズで実現したのが「非球面レンズ」だ。

非球面レンズの開発は簡単なようでいて難しい。というのも、ガラスは融点が高いことから金型に流し込むには約５００度にまで加熱し熔解する必要があった。また、プレス成形に耐えられる金型は高価となるうえ、加熱と冷却の繰り返しですぐに劣化してしまう。

これに対し、住田光学ガラスは２００２年、３２５度の低温で成形できる精密プレス成形用光学ガラス「K-PG325 ヴィドロン」を開発。同製品は米国の光技術専門誌「フォトニクス・スペクトラ」の「２００２年ベスト25優秀作品賞」、２００３年には「第15回中小企業優秀技術・新製品賞・中小企業庁長官賞」を受賞した。

「K-PG325 ヴィドロン」以外にも先述のホタル石にかわる光学ガラス「ホタロン」、

世界初の透明結晶化ガラス製赤外線チェッカー「ヤグラス」、色収差が小さく屈折率も高い「ガドロン・スーパーガドロン」、災害時に活躍する発光ダイオード（LED）ヘッドライト「Teluna-LED head light」など、数々の製品が賞を受賞している。「賞を受賞したからといってすぐに売上げが上がるということはないけれども、開発への自信がついて、社内に勢いが出ますね」と、住田は言う。

なんでもやってみます精神が、イノベーションを生む

画期的な製品を生み出すには、失敗がつきものだ。住田光学ガラスは、それも織り込み済みで、まずは挑戦する。

取締役統括営業部長の大和紀雄は、「私たちは、お客様からのオファーを断りません。大きな企業ですと、やれ開発費だ、設計費だと動き出すまでに時間がかかるかもしれません。当社はなにはともあれ作ってみる。そのような姿勢なので失敗すらも、ときにお客様に褒めていただけることがあります」

同じく営業部の佐藤忠信も「当社は光の駆け込み寺なんです。お客様から『こうい

うものが作れますか？』と言ってもらえるのは期待されているからこそ。なかには同業他社がお手上げとなって紹介を受ける案件もあります。私たちは期待に応えようと努力します。これが新たなイノベーションにつながっているのだと思います」と自負する。

すぐに製品にならずとも、挑戦した経験を技術者たちが頭の片隅で長い間、覚えている。その種が、あるときパッと芽を出すのだ。

住田は、「当社にはＷＥＢからの引き合いも多く、ガラスや光のことならば、『住田に聞いてみるか』という存在になれている」

なんでもやってみます精神と、その積み重ねが、住田光学ガラスのブランドを確立している。さらに住田は、「投資効率だ、マーケティングだというような損得を考えると、やれることは何ひとつないですしね」と、笑って応えてくれた。

学びをビジネスに直結させる

大和を感動させた、住田の一言

住田光学ガラスから初めて日本工業大学大学院のMOTコースに通ったのが、大和紀雄である。

大和はもともと大手メーカーの技術畑で20年にわたってキャリアを積んだ後、住田光学ガラスへと参画した。大和は20代のときにMBAを取得したいと目指したことがあるが、多忙すぎ断念。住田光学ガラスに移り40代になったとき、もう一度自身を成長させたいと、MOTの門を叩いた。

大和がMOTに入学した2012年は、リーマンショックのあおりを受け、住田光学ガラスの売上げが最盛期の3分の1にも落ち込む、逆風のときだった。

「当時はスマートフォンの台頭もあり、当社の主事業である光学ガラス事業のメイン供給先であったデジタルカメラ市場が落ち込みました。その余波を受け、今後どうしていくかという決断を迫られた」

住田光学ガラスに約350名いた従業員のうち、半数以上の200名が光学ガラス部門に在籍。主事業をどう立て直すかを考えなければならないときだったのである。会社の危機は身に染みてわかる。それを承知で学びにいきたい。

大和は、住田に「勉強したいので、時間をください」と直談判した。すでに決意は固く、入学金は払い終えていた。

住田の答えは「行ってこいよ。学費も会社が払うよ」という一声だった。

当時のことを住田に聞くと、「仕事がひまなときだったしね（笑）。自らの意志で勉強したいというなら会社がバックアップするのは当然だろうと。社長である私がうちの連中は勉強が足りないから、学校に行けというのじゃ、物事はうまくいかない」と答えた。

原点への気づき

しかし、なぜ大和は、MBAではなくMOTを選んだのか。

「学校案内に『中小企業』というキーワードがあり、気になってオープンキャンパスへ足を運んだのがきっかけです。実務レベルの経験を積んだ教授が多く、1年間集中して学べるカリキュラムが魅力的に感じました。他の大学院のカリキュラムは2年コースが多いんです。管理職にもなった自分にとって、2年は長かった」

また、修士論文ともなる「特定課題研究」を担当教授と一対一でやれる環境にも興味が沸いた。

「社会人になると欲しいのは修了書ではなく、ビジネスの現場に直結する知識です」

当時の大和からすれば、長年の経験から技術面についての見識は十分にあった。欲しかったのは、経営やマーケティング、経理についての知識だった。

実際、1年の最後に大和が発表した特定課題研究「光学ガラス事業におけるアジア・日本顧客への新規事業計画」は、そのまま住田光学ガラスの中期経営計画となった。

大和が入学当初、思い描いていたとおり、学びがビジネスに直結したのだ。

印象に残った多くの授業のなかでも特に影響を受けた授業を、大和に聞いたところ、清水が行った授業で紹介したMFT（Market Function Technology）という手法だという。

何か新しい製品を作る際、市場と自社の持つ技術とを直接結びがちだが、その間に「機能」を介在させよという内容だった。

清水いわく「たとえば、ある製品をツヤツヤにしたいという市場ニーズがあるとします。ツヤツヤさせる方法には『●●や●●といった顔料からどれを選ぶか』『それらを混ぜて分散させるにはどのような技術を用いるか』など、何段階かの翻訳が必要になる。この翻訳のときに『機能』を介在させて議論すると話が整理しやすくなります」

大和はこの話を聞いて、住田光学ガラスがどのような技術を持ち、顧客に提供できているか、自社の強みが何かを考えるための棚卸しができたという。

また、経営の苦しいそのとき、期せずして住田からも「原点に戻ろう」と社内に号令が出ていた。

「自分たちの強みを再認識することが、技術経営の根幹をなす。自社の強み、原点の理解を抜きにして、ビジネスの成功はないと思います」

住田光学ガラスが今後、どうビジネスを展開していくべきか、大きな気づきを得ることができた。

ボトムアップから生まれた中期経営計画と事業戦略

大和が自腹を切る覚悟で道を開き、結果を出したことがきっかけで、いまでは住田光学ガラスは、続々と幹部候補生をMOTへ送り出している。

二期生二代目となったのが佐藤忠信だ。住田と佐藤のやりとりが、じつに住田光学ガラスらしく、おもしろい。

「佐藤君がMOTから課題を持って帰ってきたんです。『社長、当社の目標って何ですか？ 教授からどこの会社にも事業計画

大和の特定課題研究一部

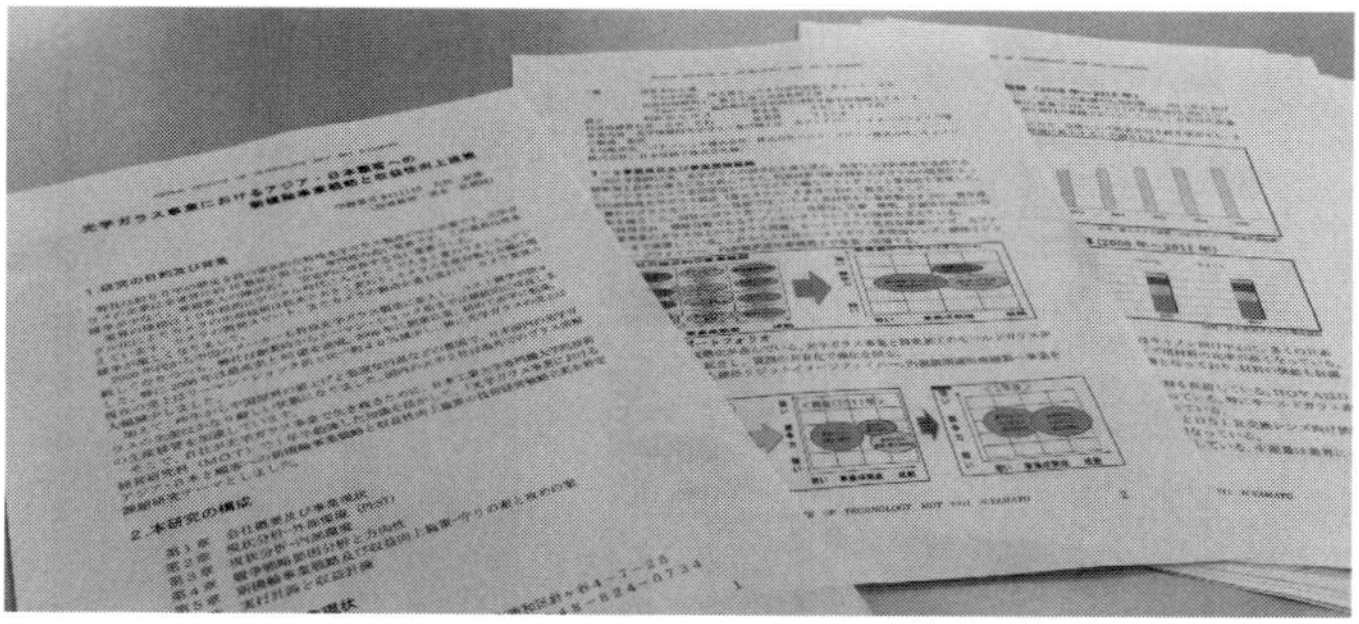

「光学ガラス事業におけるアジア・日本顧客への新機軸事業戦略と収益性向上施策」をテーマとした

があるはずと聞いています』と質問されたのです。だけど、うちにはそんなものこれまでなかったし、いまそれは大和君が初めて作っていると。彼の困った顔を思い出します」

実際、本当に住田光学ガラスには、それまで中期・長期の経営計画がなかった。

「計画を立てたところでその通りになんていかない。信念に基づき、一歩一歩進んでいくのがこれまでの当社のやり方だった。でも、大和君が経営計画を作りたいというから、やってみていいよと」

大和も「当社は本当に自由です。私がアジア市場への営業を担当することになったときも、社長に『どうすればいいです

「学ぶための時間は必ず捻出できる」と語る大和

か?』と相談したら、『自分で好きにやってよ』と言うんですから(笑)。でも、そうなると自分で考えるしかないですよね」

結果、大和は独自に市場を調査し、内視鏡に使われるイメージファイバーがこれから売れると感じ、中国に乗り込んだ。現在、中国のすべての内視鏡メーカーとつながり、取引をしているという。

大和はいま営業を統括する立場だが、部下である佐藤にもアドバイスこそすれど、指示はしない。これが住田光学ガラスの文化なのだ。

さて、大和が中期経営計画を作ったことで「従業員に対して、数字なり目に見える形で会社の方向性が示せている。時代の流

「社内メンバーや家族の協力でMOTに通えた」と語る佐藤

れが早いだけに、みんなで共通の目標をもって対応していこうという機運が生まれたようだね」と、住田は目を細める。

まさに、放し飼いのニワトリがたくましく飛び回る「自由で、自在に、しなやかに」を体現するエピソードではなかろうか。

佐藤にもMOTで印象に残った授業を聞いてみた。「清水先生のMFTはもちろんですが、水澤直哉先生の価値創造戦略の授業には衝撃を受けました」

〝提供すべきは顧客価値、満たすべきは顧客欲求、残すべきは顧客満足〟。この思想を徹底的に叩き込まれたという。

さらに、佐藤が得たものが自信であった。

「当時はビジネスユニットという概念も知らず、論理だって戦略を考えることが苦手でした。それを学びながら克服でき、事業戦略が立てられるようになった」

結果、佐藤は特定課題研究で『内視鏡事業推進における戦略』を発表。住田光学ガラスにとって医療分野への展開は今後の柱に成長していく事業である。ここでもまたボトムアップの形で、住田光学ガラスの方向性を、現場から示したことになった。

上が学べば、下は育つ

大和と佐藤に、ふだんの仕事がありながらどのように時間などを工面し、MOTに通ったのかを聞いた。

「正直、よく1年間続けることができたなと思います（笑）。それには自身の頑張りもですが、同僚や家族の協力は不可欠です。私はすでに子どもが大きかったですが、まだ小さなお子さんを持つ佐藤君はご両親の応援とご協力も得ていましたね。MOTが佐藤君にとって成長の場だと理解してくださったのだと思います」

「MOTから帰ってきた大和に言われた通

佐藤の特定課題研究一部

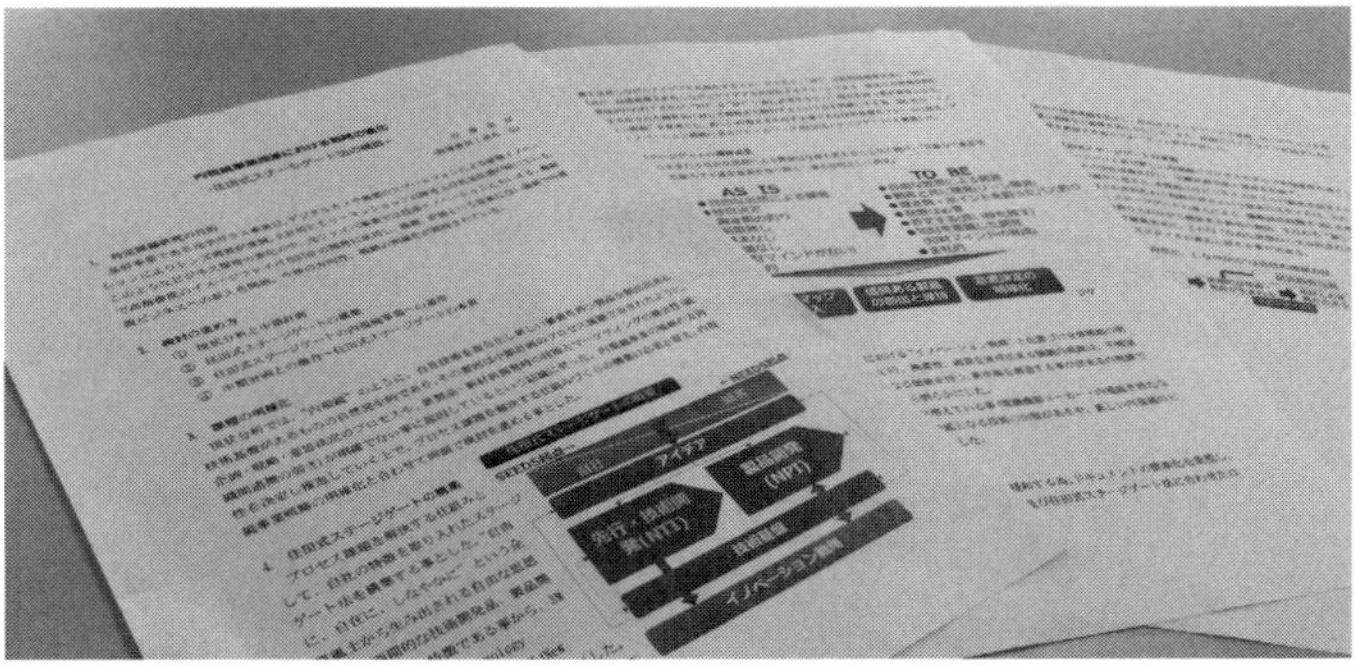

「内視鏡事業推進における戦略の進化」をテーマとした

りに資料を作ったとき、われながらいい資料が作れたんです。大変なのは大和を見て知っていましたが、MOTに通ってみるかと誘いを受けたときは、迷ったふりをしながらも、じつは行く気満々でした（笑）」

大和は、平日に授業があるときは、定時17時のところを16時半に切り上げさせてもらって、神保町のキャンパスに向かい、帰宅は24時を過ぎるという日々を過ごした。出張も多いので、飛行機の中で課題と向き合うこともしばしばだった。土日も全部勉強に費やした。

「中国での商談では欠かせない飲み会も、課題があるからとお断りして。1年間飲み会には行かなかったですね。当社の福島工場から大学に通うときは1時間に1本しかない新幹線に大慌てで乗ったり。でも、やろうと思えばいくらでも調整できるものです」

社内のメンバーの協力もありがたかった。「今日は16時半以降、相談にこないでね。課題が立て込んで会議室に籠る必要があったときは、事前に今日はこないでね」と周知すると、相談事は前倒しで行われるようになった。

佐藤は自らの業務をすべて部下と共有。すべての連絡をCCで行うことで、できることは部下たちに判断を委ねた。そうすると部下たちは自身の判断で事を進めてくれた。佐藤が次なるステージへ挑戦することで、彼らの自立をも促すことになり、部下育成につながったという。

住田光学ガラス式経営をするために

10数年採用募集をしなくとも、優秀な人材が集まる

住田光学ガラスのホームページにある採用募集ページをみてみると、「現在募集はありません」との表記が現れる。これだけなら他でもありそうなものだが、この状況が10数年続いていているという。しかも、それでいて優秀な人材が集まってくるというのだ。

「毎年平均して新卒が10数名入ってきます。当社を展示会やホームページから知ってくれるのか、『御社で働きたい』とメールを送ってきてくれます。ありがたいことです」

どうしても住田光学ガラスで働きたいと連絡してくる学生だけに、行動力もあれば熱意もある。採用のミスマッチも必然少なくなるだろう。

「昔は大学まわりもしていましたが、いまでは放っておいてもエントリーしてきてくれる。なんでそんなことができるのかと、周囲の経営者仲間から驚かれますね」

これに関しても秘訣などないと住田はいう。意図的に行ったことではなく、自由闊達な社風を守ってコツコツと経営してきた結果、世間に知れ渡り、実った果実なのである。

従業員の幸せを第一に考える

世界初の製品を作り続けるオンリーワンの技術を持ち、求めるまでもなく優秀な人材が集まってくる住田光学ガラスのような会社になりたいと、多くの経営者が思うところだろう。

「これもいつも聞かれるのだけども、特別なことは何もしていない。人は好きなことをやるときは苦にならないし、いい結果が出ると思うだけです。私自身、やらされる仕事は嫌だし、みんなそうでしょ。好きなら頼まれなくてもやるし。努力を努力と思わず、好きなことに邁進する。そんな感覚で従業員のみんなに仕事をしてもらいたいだけ」

住田は、従業員が思う存分活躍できる環境さえ維持できれば、結果は出るし、お金はあとからついてくると、信じて疑わない。

住田の価値観は明確だ。

「仕事とは、人生を楽しむためのひとつの事象でしかありません。会社はそのための場所と時間を提供する場でしかない。幸せな人生のために働く。働くために働くのでは本末転倒です」

従業員にあえていうなら、「健康第一」

「お金と時間があっても健康でなきゃ、人生は楽しめない。だから、健康に気をつけなさいというんです」

従業員満足（Employee Satisfaction）なくして顧客満足（Customer Satisfaction）なし、とはよく耳にするフレーズだが、ここまで徹底できている企業が他にあるだろうか。

会社を大きくしてどうするのか

「当社が行っていることは理想論かもしれません。上場でもしようものならこんな悠長なことは言っていられないでしょう。また、会社に経済的余裕があるから言えることでもあります」

たしかに住田光学ガラスが資金繰りに窮したのは先代が起業した当初だけ。作ったガラスはすぐに売れて経営は軌道にのった。競合も少ない市場ですくすくと業績がのびた。リーマンショック時に売上げが最盛期の3分の1に激減したとはいえ、豊富な内部留保により自己資本比率が70%もあり、盤石な財務基盤を持つ。

その背景には、他社や外部環境に惑わされない信念がある。

「オヤジからの教えでもありますが、会社は無理に大きくしないよう心掛けています。会社を大きくして従業員みなの給料が上がるのならいいが、仕事だけ増えて忙しくなるのでは意味がない。結果として会社が大きくなるのはいいけれども、大きくするのが目的ではない」

常に最悪のときを想定して経営することも肝に銘じ、同業他社が好景気に浮かれて他事業に手を出したり、節税のためと言いながら必要以上の設備投資をしているのを尻目に、「うちはうち」という路線を貫いた。

それを象徴するのが、本社移転のエピソードである。

現在のさいたま市浦和区の工場は、世の中がバブル崩壊で落ち込む1993年、11億円を投じて建て替えられた。と同時に本社も都内から移転、新しい分析装置も入れるなど、研究開発の環境を向上させる設備投資も行った。

「設備投資というのは、業績が落ちたときにやるくらいがちょうどいい。限られた予算で知恵を絞った投資は、将来をみても最適化となります。景気がいいと、つい余計なものにも投資してしまうんですよ」

世の中の流れの逆を張ったかのような本社移転と工場の建て替えは、通勤ラッシュ解消の切り札としても注目を集め、ニュースにもなった。

住田からすれば、資本の投資先は、いかなるときも次なる製品開発のためだ。

「世の中にないものを作るぞ！というようなときは積極的に投資します。金は使ってナンボとも心得ています」

ぶれることなく、おもしろい仕事を追求

「仕事の引き合いは世界各国から届きます。これまで同様、柔軟な姿勢でその期待に応えていき、世界初の製品を作り続けます」

住田光学ガラスは、今後も核となる光学ガラス事業をベースに、医療機器分野、防犯・防災などのセキュリティ分野、農業分野などを新たな市場とみつめながら、独創的で新しい製品を生み出していこうと、意欲的だ。

そしていま、売上げも底を打ったリーマンショック前の約70億円水準まで回復する見込みだ。

「とは言ってもこれまで同様、上場や業界のシェアナンバーワンというようなものを目標にはしない。ぶれることなく、あくまでおもしろい仕事をする。従業員の人生の幸せを第一とする。ただそれだけです」

大和、佐藤に続く人材も続々とMOTで特定課題研究に取り組んでいることからも、新しい事業のアイデアがどんどんと生まれてくるはずだ。「放し飼いにされた個

性的な人材」による世界初の製品が、また私たちを驚かせてくれる日がくることも近いだろう。

学校法人明泉学園常務理事

百瀬義貴

学校法人明泉学園の新価値創造戦略

グローバル人財輩出の新たな教育モデルの構築

COMPANY PROFILE

法人名	学校法人明泉学園
事業内容	教育、学校経営
法人設立	1951年
所在地	東京都町田市

事業継承者としての学びと目覚め

1

明泉学園　愛に基づく教育

東京町田市の緑深い丘陵地帯に学校法人明泉学園鶴川女子短期大学は位置する。1968年に創立された同短大は、幼稚園教諭と保育士を目指す学生が集う、幼児教育者養成の単科大学として、間もなく創立より半世紀を迎えようとしている。明泉学園は、鶴川女子短期大学を旗艦校として、鶴川高等学校、鶴川幼稚園、学内保育施設どんぐりはうすを経営し、東京都・町田市において幼児教育創造の場として地歩を固めてきた。

創立者である百瀬泰男は、クリスチャンとして禁酒運動や伝道活動に尽力し、長く教育に携わってきた体験から、いかなる教育方法もキリストの愛の大きさに比べることはできないと、「愛の教育」を主唱した。この創立者のキリスト教精神に彩られた建学の精神は、二代目である現理事長兼学長・百瀬和男に受け継がれ、「愛をもって幼児を育成する教育者の養成」「社会でも家庭でも自分らしく生きられる女性の育成」という二つの教育理念を柱に、地域社会に幼児教育の担い手となる人財を輩出している。

10年後の理事長と学長

日本の幼児教育を取り巻く環境はめまぐるしく変化している。少子化と女性の社会進出という大きな流れの中で、幼保一元化、保育所不足の解消、保育者に対する待遇改善、子どものいる貧困家庭へのサポートなど様々な課題がクローズアップしてきており、国や行政、幼児教育関係者そして幼児教育者養成機関がこれを解決すべく模索中である。

一方、短期大学という教育業態も曲がり角を迎えており、１９９６年には５９８校を数えた短期大学は、２０１５年には３４６校へと激減し、近い将来には３００校を割り込むのではないかと推測されている。

幼児教育者養成機関が大きな変化と競争の渦に巻き込まれる中、明泉学園は持続的な成長と安定的な経営を図るべく、２０１４年、ある決定を下した。

明泉学園理事会は、学園の将来を担う人物として、現常務理事である百瀬義貴を10年後の理事長に、同じく10年後に現副学長である百瀬志麻（百瀬義貴の妻である志麻は一橋大学で学び、卒業後は医薬品メーカーや外資系食品メーカーでマーケティングの仕事に携わってきた。その手腕と経験を活かし、キャリアデザインや英語の授業も担当しながら、教学的な部分をマネジメントしている。）を学長とすることを決定した。

10年という設定された期間の中で、二人は学校法人の発展的な事業承継という課題を背負ったのである。

まわり道してたどり着いた「三代目」

明泉学園の将来を背負うことになった百瀬義貴は、創業者から数えて三代目にあたる。しかし、ここまでの道のりは決して平坦なものではなかった。百瀬はいまの自分の姿は10代の頃には想像もしなかったと率直に語る。

「私は、正直この学園に身を置くとは思ってもいませんでした。小学校、中学校と学校生活では、経営者の息子であるが故の嫌がらせや虐めを受けてきました。小学校の職員室では「こいつが三代目か。おい、お前、三代目でつぶれるって知ってるか？」と、先生方に言われ、笑われることもありました。そして、思春期を迎えた頃は、毎週末のように、ある思想をもった団体の方々が自宅を取り囲み、旗を掲げてシュプレヒコールや近所へビラなどがポスティングされ、休日に家からは出られない、夜に帰るとやはり団体の方が自宅の前にいて、家に入れないといった状態でした。いまはすべてを受け止め、心も穏やかですが、振り返ってみると、思春期真っ盛りの若き自分は、当たりどころのない苦痛に耐える青春時代だったように思います。

守るべき組織の大きさ、そして優秀な父に対するコンプレックスを抱え、父のような凄い人にはなれない、責任が重すぎると感じ、コンプレックスや反発心も手伝い、自分は自分のやりたいことで人生を切り拓いていこうと、講義を受けにも行かず、アパレルや工事現場、税務署などでアルバイトばかりしていました。そしてクルマやバイクが好きだったこともあり、整備工を目指しながら掛け持ちでバイトをしていたクルマ屋さんに就職が決まっていました」

そんな百瀬が学園の仕事に関わろうと決意する日が来る。

「ある夜遅く自宅に帰ると、父が食卓の上で仕事をしていました。夜更けに一生懸命にペンを走らせている父の背中を見た瞬間、自分はいったい何をやっているんだ、と頭を殴られたような思いがしました。父はこんなに遅くまで仕事をして頑張っている。そして、私のことをそれなりに自由にさせてくれた。それなのに私は自分の事しか考えずクルマ屋に勤めようとしている。私はそのために生まれてきたのか、違うだろう。父を助けること、経営者としての父の様々な苦労を理解することが、いまの自分の使命ではないかということに気がついたのです」

実はそれまでも、百瀬自身は心のうちで自問自答していたのである。本当はどこかで、父の仕事を継ぐべきだと思いながらも、同時に自分にはそんな能力はないし、周りに迷惑をかけるだけではないかと恐れていたのだ。

しかしその夜は、こんな言葉がすんなりと口を衝いた。

「おやじ、俺、学園の仕事、手伝おうかな」

「この言葉が自然と口を衝き、その瞬間、幼い頃からの当たりどころのない苦痛も手伝うことへの恐怖感も不思議と消えてしまいました。覚悟が決まるってこういうことなのかもしれません」

百瀬義貴、22歳のときである。

父から学び、父とは違うタイプのリーダーに

百瀬は現理事長である父を助けるために、父と職員の間の橋渡しになって学園を発展させようと考えた。

「父の凄いところは、自分の決めたことにまったくぶれがないことです。周囲からのストレスにも折れない強いマインドがあります。しかしときにそれが、周りに対して強すぎることがあって、誤解を招いてしまう場合があるんです。そんな父の真意をかみくだいて職員に伝え、逆にボトムアップで職員の意見を父に再提案するのが自分の役割だと思いました」

現理事長がトップダウン的な統率・統制型のリーダーシップを持ち味とするならば、百瀬自身は、調整型のリーダーシップを目指している。一貫して関係性を重視して、周囲の意見を吸い上げて、最後に決断するタイプである。人の気持ちを引き出しつつ、人に影響力を及ぼすリーダーシップだ。

日本工大で特定課題研究の担当教授となった水澤直哉教授は、

「彼は、周囲の納得性を高めることに対して力を惜しまない。ですから、決断するまでに時間もかかるし、一見、右往左往しているようにも見えるが、へこたれないで調整を続けていく強靭性もある。そして、決めたら腹を据えて取り組むタイプ」と百瀬を評する。

百瀬は、明泉学園に入ってからもすんなりと自分の立ち位置を確保できたわけではない。

「父が段階的に私に権限移譲をしてくれて、失敗の経験をしながらもそれに応えて実績を残すことで、周囲が徐々に認めてくれるようになりました。自分を活かすチャンスを与えてくれた父に感謝しています。自分自身で学園でのポジションを獲得できたなと感じたのは、3年前ぐらいです。その時点でもっと視野を広げなければならない、もう一段高いところに行きたい、自分を成長させるために学ばなければならないと痛感しました」

どうやって職員を牽引していけばいいのか

百瀬が父の姿から学んだのは、リーダーというのは、職員の信頼に支えられてこそ機能することだ。

「職員に認められなければ自分はリーダーにはなれない、認められるにはどうすればいいのか、日々腐心していました」

百瀬が最初に取り組んだのは、自分自身の経営者としての資質の向上であった。正しい経営判断を下すためには、いまのままではおぼつかない、基礎理論に偏重しない実践的な経営を学び直す必要性を痛感した

短大コンセプト委員会の一コマ。信頼のおける教員、職員たちだからこそ、発展的な熱い議論が展開できる。

のだ。

百瀬は本人も認めるように、これまで体系的に経営について勉強してきた経験がなかった。

百瀬曰く「いずれ大学院で経営について学び直すという約束を妻としていたので、日本工大のMOTの話があったときに、ぜひ挑戦してみようと考えたのです。ちょうどその頃は、自分がどうやって職員を牽引していけばいいのか悩んでいた時期でもあり、優秀な部下たちを前にして、適切な方針や新しいものさしをきちんと打ち出していかなければならない必要性に駆られていたので、MOTの話には運命的なものを感じました」

「それ以前にもいろいろな経営書を読み漁りましたが、優れた本であっても本当に内容を理解するには、一定の経験値が必要であると痛感していました。10年後に理事長になったときに、学長になる妻と価値観を共有して学園の将来について語り合う自分もイメージしていました。そのためには、一度学生になって経営を基礎からインプットしようという気になったのです。それに学園を預かる者として、修士という最終学歴は周囲の方からの信頼を得るには最適であろうとも考えました」

頭がオーバーヒートしそうだ

当初は、多岐にわたる科目と専門性の高い授業内容、それに容赦なく出される課題についていくのが精いっぱいだったという。

「頭が完全にオーバーヒートして、はたして1年間やりきって単位を獲得できるのか不安でした」

百瀬に当時の様子を回想してもらおう。

「学園を午後の3時に出て、4時半には着いて事務室で課題に取り組む。授業の始まる6時までの間は、そこで教授や同級生たちとたわいのない話を交わしていましたが、これも私にとっては貴重な勉強の場だったんです。夜9時40分に授業が終了し、11時に帰宅。当時、息子は1歳にも満たず、妻は仕事と子育てで大変でした。大学院に行かせてもらっているという感謝の気持ちも大きくて、基本的に私が洗濯や皿洗いなどの家事も担っておりました。食事と家事を行ってから課題にかかるので、寝るのはたいていい2時半から3時になっていました」

難渋したのは会計の授業である。百瀬はそれまで、労務管理を主な業務としていたため、学園の予算管理やバランスシートにはあまり触れないで来ている。しかも大学院での授業は企業会計なので、これを学校会計に置き換えて理解しなければならない。会計の担当教授がこれほど質問してきた学生は初めてだと驚くぐらい、質問を重ねた。

百瀬は現在、収益事業部長として不動産関連の業務にも携わっており、当時の会計の授業が活かされているという。すべての授業が苦労続きではあったが、経営センスを高めるという目標を掲げていた百瀬は貪欲に吸収し続けた。もう一つ、百瀬には頑張らなければならない理由があった。

大学院に登校する初日の朝、ある女性職員が、朝礼で手を挙げてこう言ったのだ。

「今日から百瀬さんが大学院生になります。なので皆さん、ジョブシェアしながら私たちも応援しましょう。その代り、常務理事、学園のためにしっかり勉強してくださいね」

叱咤激励して背中を押してくれた職員たちのためにも、「中途半端にはできない」と心を決めたのだ。

企業経営者との切磋琢磨の日々で

ハードな毎日ではあったが、授業内容はすこぶる新鮮で、毎日が目が覚めるような思いだったという百瀬は、授業のない日でも大学を訪れて、教授とディスカッションするなど、大学院をフル活用していた。

「同級生には経営者やミドルマネジメントの方々が多くいらっしゃったので、その方たちの立ち居振る舞いやしゃべり方、考え方を一つでも多く吸収しよう、実際に経営に携わっている方から何か一つでもいただいて帰ろうと常に考えていました」

同級生たちからは数々の刺激を受けた。経営実務を実際にやっている経営者の中には、偉そうにしている人がいないこと、経営手法も、理論先行ではなく顧客ありきで考えていること、ミドルマネジメントの方々からも経営者の立場を理解しながら業務に取り組むなどの立場を超えた思考をもっているということなどだ。

また、同じ課題を与えられても、企業経営と学校経営の違いについても感じることが多かったという。顧客満足一つをとっても、企業と学校では、自ずと目指すものが違ってくるのだ。なぜ学校経営はそうなのか、あるいは企業経営の価値観から得られるものはないか、同級生たちと議論を深めていく日々が続いた。

百瀬はあるときに気づく。

「同級生の中には本当に優秀な方がたくさんいました。自分の知識のなさを思い知らされることも度々だったのですが、反面、自分の価値にも気づくことができました。私に彼らの代わりが務まらないのと同じように、ここにいる誰も自分に代わる明泉学園の経営者を務めることはできないだろう、やはり自分にしかできないことがあるのだと、自信を得ることができたのです」

「経営者や経営幹部、ミドルマネジメントの方々と話をしていると、お互いのつらさを吐露することもあります。みなさん、責任の重さを感じておられるのです。でもそこで傷のなめ合いになるのではなく、あの人も辛い思いをしながら頑張っている、自分ももっとできそうだと、むしろ向上心につながっていったような気がします」

自らの使命に目覚める

百瀬はMOTで、当初は「プロジェクトマネジメント」のコースを選択していたのだが、やりはじめてすぐに「起業・第二創業コース」に切り換えている。というのも、同コースにある「ファミリービジネスとイノベーション」という科目に魅せられたからだ。

「中小企業の特徴として、一族で経営を行っているケースが非常に多いですよね。同様に学校法人も一族経営が多く、明泉学園も然りです。これまでに一族経営は、中小企業の後進性を示すものとして否定的に捉える向きもありましたが、実際、世界の企業の8割はファミリービジネスと言われており、むしろこちらの方がスタンダードなのです。私は、ファミリービジネスを経営スタイルの一カテゴリーとして積極的に評価して、ご自分の研究分野として取り上げている先生がいるということに感激して、すぐにコースを変えてもらいました」

百瀬は数ある授業の中でも、研究科長である小田恭市教授からのひと言をいまでも覚えている。授業の中で「みなさんは何のために経営者をされているんですか」と問われたのだ。

百瀬は当初、「学生のため」と答えていたが、突き詰めて問われるうちに、自分の自己実現のためであることに行き着いた。

「きれいごと抜きで、金のためでもない、名誉のためでもない、自分の夢を実現するためにやるんだということが明確になったのです。もちろん夢を実現するという中に学生たちのためという想いはありますが、それまでは漠然と、自分は学園経営という星の下に生まれてきたから。父を助けたいからだと思っていたところがありました」

これが百瀬が自らのミッションを考える強烈なきっかけになったのだという。

学んだことを自分の立場に置き換えて考えを巡らせることができるのが、とりもなおさず経営大学院の特徴である。授業での課題を自分の現状に当てはめて、前向きな正のスパイラルに変換していくことが求められるのだ。それが結実したのが特定課題研究において百瀬が考えた明泉学園の新しいミッションと経営理念である。

ミッション

〝創立者の掲げた『建学の精神』そしてその基幹となした『愛の教育』を基軸とし、『社会でも家庭でも世界でも自分らしく活躍できる人財を育成する。』ことである。〟

経営理念

〝人の心に寄り添い、愛情豊かな価値ある教育を提供することで期待を上回る顧客満足を実現し、子ども達の夢ある未来社会に貢献する。〟

「このミッションと経営理念は、創立者、現理事長、そしていつも協力してくださる職員たちの顔を思い浮かべながら、必ず実現できるという確信をもって書きました。すなわち、これが私の夢であり、なんのために経営をやるのかという小田教授の質問に対する私なりの答なんです」

ミッションと経営理念は、百瀬自身の思いであるとともに、創立者の建学の精神を現代に翻訳したものでもあるという。

「事業継承者の役割として、創業者の精神、つまり学園のアイデンティティを継承することが求められます。このミッションや経営理念、ビジョン、バリューを、職員とも共有していきたいと考え、正職員に書いてもらう誓約書にこの文言を入れて、お互いに守りますという約束をしています」

明泉学園の新価値創造戦略

2

明泉学園の価値とは

創立から50年を迎える明泉学園は、創立者の建学の精神を軸に幼児教育者の養成という社会的使命を果たし、高い評価を獲得してきた。創立者の唱えた「愛の教育」を自らのアイデンティティとし、それは今日も実践されている。

創立者は、社会のネットから零れ落ちるような子どもに学歴を与え、自立への道を開いた。様々な事情で、早く社会に巣立ちたいという女性に2年間で資格を取らせることを学園の使命とし、そのために明泉学園は昔から低価格の授業料という路線をとってきた。

職員の間で伝わる創立者の有名なエピソードがある。教員から学校生活についてこられない学生を退学にしてほしいと訴えがあったときに、「この子に必要なのはこの学校です。ここで私たちが見捨てたら、誰がこの子を救えるというのです」と絶対に首を縦に振らなかったのだという。愛の精神をもって、安い価格で教育を提供し、絶対に退学させない――それが創立者の教えであった。

時代が変わったとはいえ、面談をしていても苦労しながら頑張っている学生の存在は、決して少なくないと百瀬は感じている。

そして、低価格の授業料をさらに減免する学生も増えている。鶴川女子短大では、5人に1人は奨学金の活用など何らかの形で授業料を減免しており、この規模の大学としては奨学金を活用する割合が非常に多い。

様々な事情を抱える学生たちに教育を施し、社会に貢献できる人財を輩出できるのは、自分たちの学園しかないという自負はある。一人として同じ人間はいない。個々の持ち味を受容し伸ばし、資格を取ってもらって、社会に送り出すことは、現在でも明泉学園の変わらぬ使命として社会から要請されていると考えている。

日本の18歳人口が減り始める

現在教育業界で盛んに話題になっているのが「2018年問題」である。

日本の18歳の人口が2018年頃から減り始め、これに伴い大学進学者も減っていく。日本の18歳人口は、１９９２年の２０５万人から２００９年の１２１万人へと激減したが、その代わりに大学進学率は27％から50％に伸びたため、進学者は逆に増加した。

これが２０１８年以降、減少に転じる。進学率に勝る勢いで人口が減るからだ。２０１８年時点の大学進学者数65万人が、２０３１年には48万人にまで落ち込み、現在でも私立大学の４割が定員割れの状態にあることから、私立大学はおろか、国公立大学でさえ、存続が危ぶまれる事態となる。

学校経営にとって入学志望者の減少は致命的である。少子化で学生の数が少なくなったことに加え、幼児教育者養成コースをどこの大学も新設し、過当競争となり学生の取り合いになってきている。

百瀬は改めて自分たちの「価値」というものを再構築する必要に駆られた。

幼児教育者養成専門50年という「伝統」は、確かに他の学校には真似ができないアドバンテージだが、単に伝統があるから、といって入学してくれる学生はいないのだ。学費が安いから来ましたという学生ならいる。もっともだと思う反面、さびしいとも感じた。価格も大事だけれども、やはり伝統にプラスアルファする新たな価値の創造が必要なのだ。

創立の精神と改革の弁証法的統合

創立者の掲げた愛の教育はこれからも実践していきたい、しかしこのままでは学生が減ってじり貧になってしまう。魅力ある学園を作るには一にも二にも優秀な人財が必要だが、それには学費を上げるしかない。このジレンマに悩んでいた百瀬に、ジレンマの解決こそチャンスであると気づかせてくれたのが、特定課題研究の担当となった水澤直哉教授（マーケティング）の示唆である。

水澤教授は、「一見外から見ると対立概念でトレードオフの関係にある事象に対して、経営者は高次元での統合を探求していることを周囲に示すことが必要である。明泉学園の場合には、建学の精神と改革の弁証法的統合が事業継承者の役割だろう。その二つがトレードオフであると思った瞬間に何かを犠牲にしてしまう。高次元での統合とは、他校にはできない差別化のポイントを顧客価値として表現すること。顧客にとっての価値を示すことができれば、明泉学園は独自のポジションを獲得することができる」と百瀬にジレンマの解決を諦めずに追求するように促した。

この水澤教授からの言葉に強く背中を押され、百瀬は特定課題研究として「明泉学園の新価値創造戦略」をテーマとすることを決めた。

グローバル人財輩出の新たな教育モデルの構築

幼児教育者養成校にとって、価値とは何か。ただ資格を取れるというだけではどこも同じで比較のしようがない。資格が取れる以上のオリジナルの価値をアピールできなければならないのだ。

百瀬は、明泉学園のリソースを最大限に生かせる課題を抽出し、そこに焦点を合わせることにした。そこから出てきた課題が、鶴川女子短大では「国際化の推進」であり、鶴川幼稚園では、「幼児期教育の充実」である。そして、今後20年を見据えた明泉学園のコンセプトとして、「グローバル人財輩出の新たな教育モデルの構築」を新たに掲げた。

これからの20年を3つのステージに分け、以下のような未来像を描いたのだ。

実現したい未来

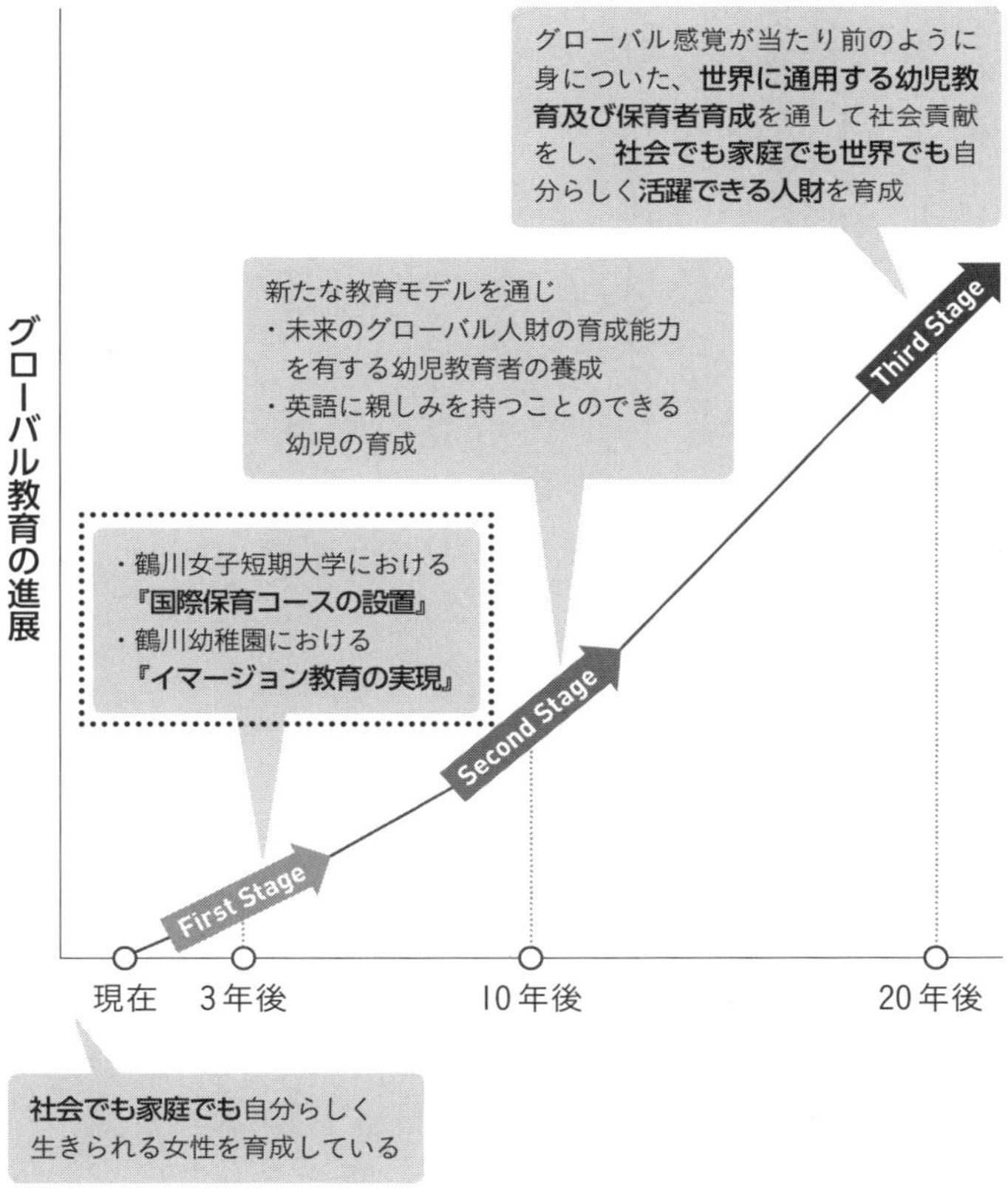
グローバル教育の進展
グローバル感覚が当たり前のように身についた、世界に通用する幼児教育及び保育者育成を通して社会貢献をし、社会でも家庭でも世界でも自分らしく活躍できる人財を育成
新たな教育モデルを通じ
・未来のグローバル人財の育成能力を有する幼児教育者の養成
・英語に親しみを持つことのできる幼児の育成
・鶴川女子短期大学における『国際保育コースの設置』
・鶴川幼稚園における『イマージョン教育の実現』
First Stage
Second Stage
Third Stage
現在
3年後
10年後
20年後
社会でも家庭でも自分らしく生きられる女性を育成している

※図は新コース設置の当初計画のものです。

現在：社会でも家庭でも自分らしく生きられる女性を育成している

3年後（2017年）：鶴川女子短大における『国際保育コースの設置』並びに鶴川幼稚園における『英語イマージョン教育の実現』

10年後（2024年）：新たな教育モデルを通じ、・未来のグローバル人財の育成能力を有する幼児教育者の養成・英語に親しみを持つことのできる幼児の育成

20年後（2034年）：グローバル感覚が当たり前のように身についた、世界に通用する幼児教育及び保育者育成を通して社会貢献をし、社会でも家庭でも世界でも自分らしく活躍できる人財を育成

真のグローバル教育とは

国際化の流れに沿う形で、明泉学園をオリジナルなグローバル教育の場としてアピールしていく。具体的な施策としては、鶴川女子短大における『国際こども教育コースの設置』と鶴川幼稚園における『英語イマージョン教育の実現』である。

百瀬が考えるグローバル教育とは、単に短大で英語が堪能な人財の養成や、幼稚園

で英語の早期教育をすることではない。

百瀬は、社会がグローバル化していくことを前提とするならば、小さなころから、異文化を受容するマインドセットを育むことが最重要であると考えている。他人との違いを自然に垣根なく受け入れる教育の意義を見出しているのである。

グローバル社会とは、換言すれば異文化との発展的な共存である。それは、かつての自分たちさえ生き延びれば他国の資源を奪ってもいい、という考え方とは正反対のものである。

百瀬はグローバル教育こそが、明泉学園の原点である「愛の教育」を今日にマッチしたかたちなのだと語る。

「これからどんどん社会がグローバル化していきます。教育者自らが範を示すことで、子どもたちは多様性あふれる社会の中で、お互いを理解し認め合う存在になるのだと思います。子どもの成長を願う〝愛を持った教育者〟を私たちの学園が輩出していくのだ、という気概をそこに示したのです」

明泉学園がとるべき成長の方向性

グローバルな教育モデルの具体的な話に移る前に、百瀬が自らに課した成長の方向性について解説しておこう。

成長の方向性には、「規模拡大型」と「構造変革型」がある。明泉学園で考え得る規模拡大戦略には、「定員増」、「新学部の増設」、「4年制大学への移行」などがあるが、百瀬はどれも否定した。少子化というマーケット要件からも、自分たちのアイデンティティからもこれらの戦略は採用すべきではないと考えたのだ。

百瀬は、いまある限られたリソースを最大限に活かし、規模にこだわらないで新価値を創造する、構造変革型を志向した。

18歳人口に頼り切り、4年制大学化しか生き残り策がないと考えている短期大学が多い中で、改めて短期大学としての価値を提案していくのである。

18歳人口が減るのであれば、その世代に頼らない学生募集を行えばいい。現在は1割程度の社会人学生の比率を全体の3分の1まで引き上げることを目標に「社会人に選ばれる幼児教育の短期大学」としての価値を高めるのである。さらに帰国子女や在日外国人など学生層を多様化させることで18歳人口減のリスクを分散させようと考えている。

日本初「国際こども教育コース」の新設

鶴川女子短大では、2017年度に国際こども教育学科へと学科名を変更し、前述のとおり「国際こども教育コース」をスタートさせる。

この新コースは、未来のグローバル人財（グローバル市民）を育成できる能力を有する幼児教育者の養成を目的として、オリジナルブランドである「国際保育士（次世代の保育者）」を輩出していく。

この計画を具現化するにあたり、学内では外部の有識者の意見も取り入れるなど積極的な議論や検討、ブラッシュアップが行われ、名称や形をより良いものへと変えていった。2017年度の開設では、本科（2年間）として「こども教育コース」と「国際こども教育コース」となり、専攻科（1年間）として「国際こども教育専攻」

を新設する、更に鶴川女子短期大学の約半世紀にわたる『幼児教育学科』を『国際こども教育学科』に学科名を変更することになった。これは新コースの設置に合わせ、学科名を変更し、専攻科を開設することにより、鶴川女子短期大学に更なる価値を与え、創立者から代々築き上げてきた学園の歴史に、新たな1ページを加え、大きなイノベーションを起こすことになるだろう。

明泉学園の価値連鎖としては、短大があることによって鶴川高校を選択する生徒がいること、幼児教育の短大があるという理由で鶴川幼稚園が選ばれていること、そして、それらによって短大も生き残ってこられた。ここで鶴川女子短期大学の価値を高めることは、すなわち系列高校や附属幼稚園の価値を高めることでもあり、入学入園志望者増へとつながっていくものと考えられる。また、後述する鶴川幼稚園での英語イマージョン教育や将来的な鶴川高校での国際理解コースとも連動することで、「国際こども教育の明泉」というブランドづくりに寄与することになる。

国際こども教育コースの教育

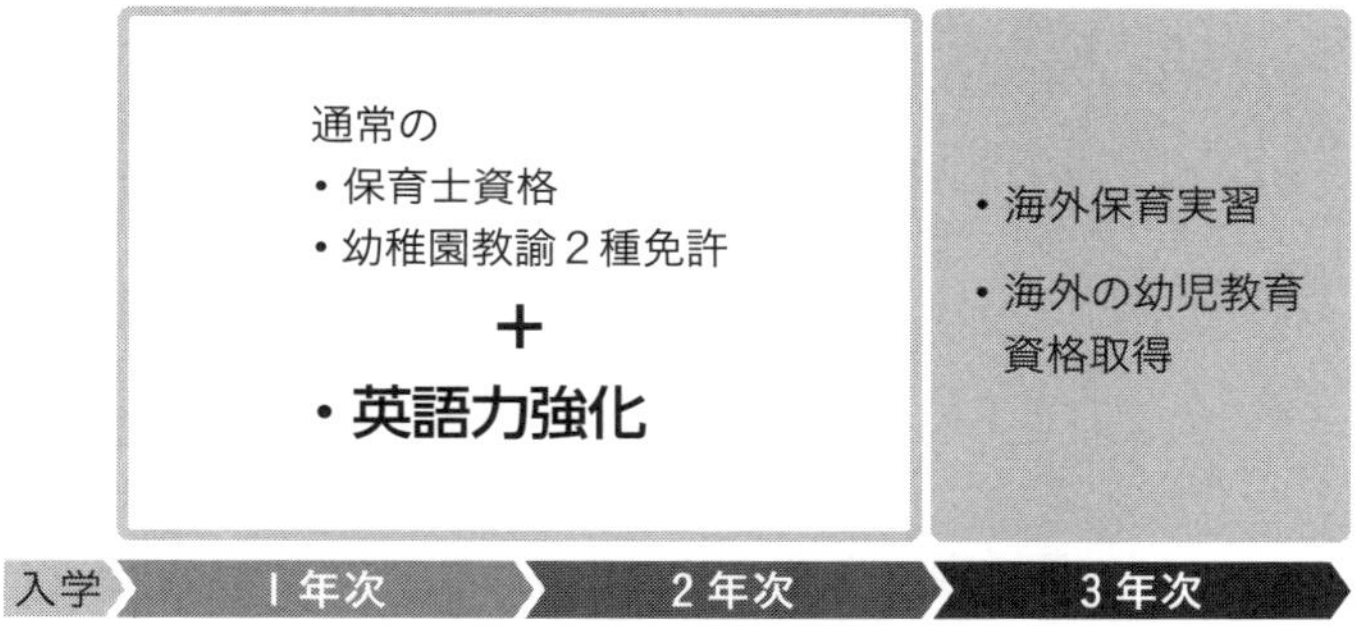

※図は新コース設置の当初計画のものです。

明泉学園の新たな価値

グローバル人財輩出の新たな教育モデルの構築

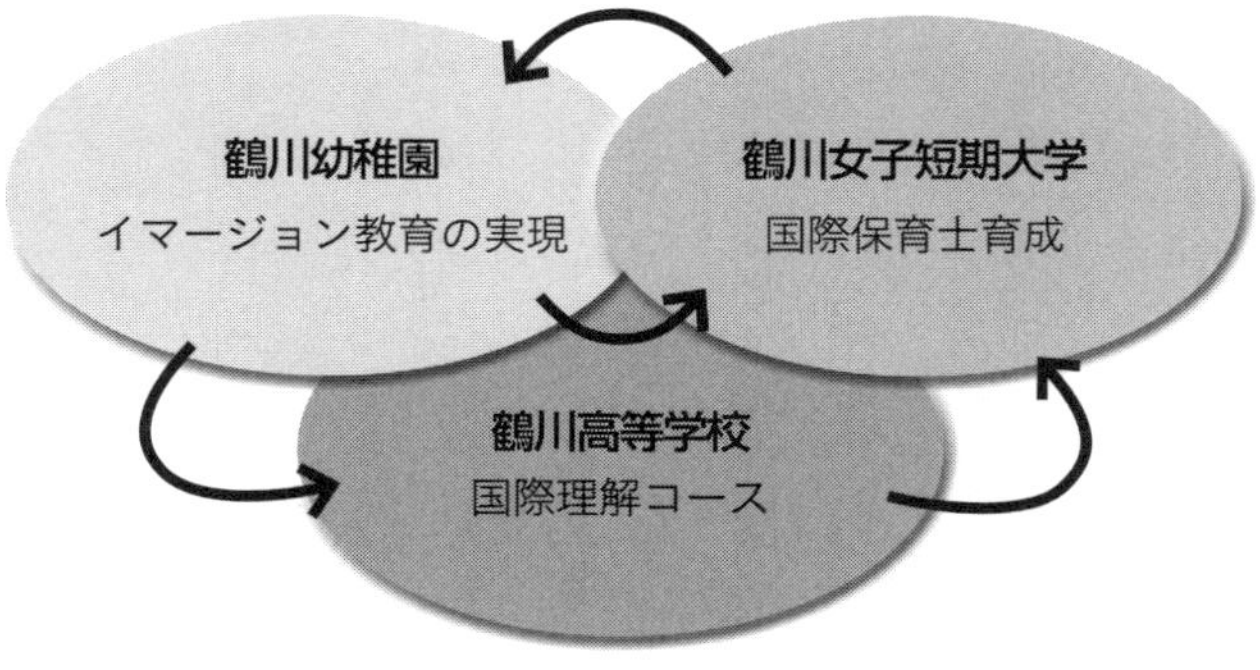

※図は新コース設置の当初計画のものです。

鶴川幼稚園における「英語イマージョン教育」

イマージョンとは［immerse ＝浸る］が語源で、鶴川幼稚園で始めようとしている英語イマージョン教育とは、目標とする言語の言葉だけを習うのではなく、「その言語環境で」他教科を学び、その言葉に浸りきった状態での言語獲得を目指すものである。

鶴川幼稚園では、２０１７年4月からスタートし、担当教員は英語が堪能で保育や海外での経験も豊富な日本人はもちろんのこと、英語、スペイン語、日本語を話し異文化に理解を示すことのできる外国人スタッフもおり、百瀬もまさにグローバル人財である彼女たちの手腕に期待を寄せている。

幼稚園のカリキュラム等に短時間の英会話活動を取り入れるのは、多くの幼稚園で園児集めの常とう手段になっている観があるが、子どもの未来を想うイマージョン教育を実践しているところは日本でも数少ない。

副学長である百瀬志麻は英語イマージョン教育への取り組みについてこう語る。

「多文化、複数言語の環境の中で、子どもが自然に英語を習得していくことを目指しています。幼児期というすべての人格の形成期に、立体的に働きかけることが重要です。2017年にクラスという箱はできますが、内容をいかにいいものにしていくか、本当の価値はそこで決まると思っています。何が子どもにとって最適なのか、常に問い続けながらやっていきたいと考えています」

明泉学園の新たなポジショニング

百瀬が掲げる「グローバル人財輩出の新たな教育モデルの構築」は、損益分岐点から見ると次のような改善策となる。

2018年をめどに以下の項目を実現することによって鶴川女子短期大学の黒字体制を構築するとしている。

- 競合優位性は保ったまま授業料を2割程度値上げする
- 奨学金を学生の2割以上に支給する

・退学率を8％に減らす（計画当時13％）
・学生数を330人にする

では、この改善策が実施された場合の明泉学園のポジショニング、つまり他校との差別化はどう実現されるのであろうか。

横軸は、グローバル化の推進度であり、縦軸が特待生への奨学金制度の充実度である。10年後、明泉学園は現在よりも、グローバル化が進み、かつ奨学金制度が充実していることがうかがえる。

顧客にとっての高い価値を提示し、かつ創立者の「愛の精神」を具現化するのが、「グローバル人財輩出の新たな教育モデル

ポジショニングマップ

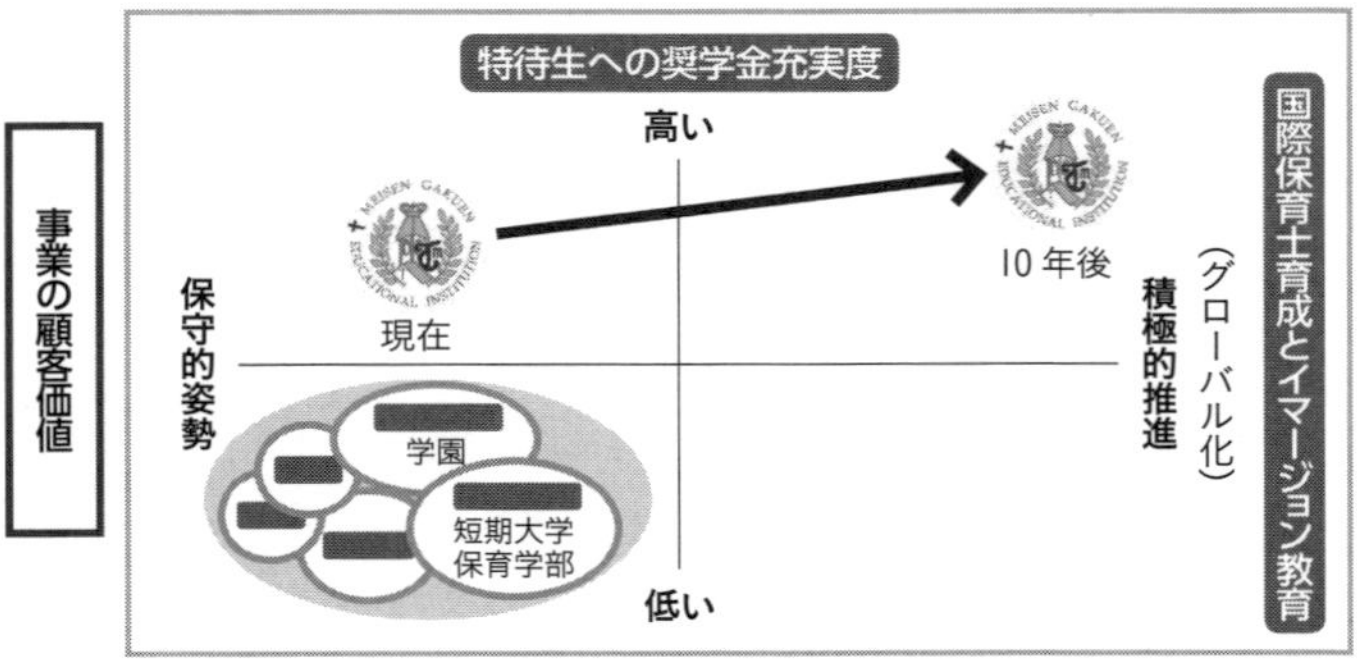

※図は新コース設置の当初計画のものです。

の構築」であることがわかるだろう。

今後20年を見据えた改革について、百瀬はこう語る。

「特定課題研究のビジョンのページの中で〝The Leading Educational Institution を目指します〟という言葉を掲げました。学校法人における到達点は、売上げでもなければ学生数でもありません。10年後になるか20年後になるかわかりませんが、〝グローバルこども教育を学ぶなら鶴川だよね〟と認知されることが当面の目標です。たとえ規模は小さくとも、何かで一番になることが、顧客にとっての最大の価値だと考えています」

子育て問題解決の地域モデルケースを提示したい

明泉学園は、２０１４年４月に学内保育施設「どんぐりはうす」を開設している。これによって、職員や学生は、子どもを預けて安心して働いたり勉強するのが可能になった。

このどんぐりはうすの可能性について百瀬はこう語っている。

「保育所のあり方について、ここで実践的に考えていきたいんです。保育所をポンポン作ることが、はたして子育て支援になるのか。確かに共働きをされる親の就労支援にはなるのですが、子どもと離れて働くことが親子にとって本当に幸せなことなのか、私には違和感があるからです。学内保育はもちろんですが、子育て支援風土のある学び舎、職場であれば、お母さんも子どもも安心です。本学で学ばれている学生や明泉学園で働く職員が、どれだけ幸せに子育てができて、学びができて、仕事ができるか、この3つを叶えることが目下の私の使命です。これから5年10年先には、今度は保育園を作りすぎたことで新たな問題が

子どもと保護者の視点に立ち、愛情をもって保育をしているどんぐりはうすの保育士たち。彼女たちもまた、この鶴川短大の卒業生である。

出てくると思いますが、そのときに鶴川女子短期大学が子育てのモデルケースになっていればいいなと考えています」

事業継承者として三代目の役割

明泉学園の創業者である初代理事長は、カリスマ性と創造性を兼ね備えた人物であった。先見性を持ったチャレンジャーと位置付けることもできる。将来を見据えて投資を惜しまず、倒産の危機に陥りながらも学園を再建した時代もあった。虎の門タイピスト学校で女性教育の礎を築き、不動産の取得においても手腕を発揮し、町田に明泉学園は母体を築くことができた。

二代目である現理事長は、初代が築いた学園において、時の流れと共に生まれてしまうほころびを修正するとともに、時代の変化に即した経営を行い、幾度となく訪れる危機にも勇敢に立ち向かい学園を見事に守ってきた。

そして百瀬は、三代目として、父が守ってきた経営資源を発展的に成長させていくのが自分の使命であると考えている。

百瀬は明泉学園の発展的な成長には、学園全体での顧客視点からの価値創造が不可欠であると考えている。

「学校教育における顧客視点は何なのか、それを考えている学校は少ないでしょう。顧客視点で自分たちの学園のありようを見直すというのは、新風を吹き込むよいきっかけになると考えています」

経済が成長していた時代、企業は内部基準でのインサイドアウト（＝内側から顧客を対象化すること）はやってきたけれども、供給過剰になった現在、高度情報化社会で顧客が選択肢を持っているので、アウトサイドインという顧客視点で自分たちのありようを振り返るというのが、テーマになっている。

企業の選択と集中においては、顧客をどう定義するかが非常に重要である。

ドラッカーは企業経営者に対して、「誰が顧客ですか」「顧客にとっての価値は何ですか」という二つの問いかけしかしなかったと言われているが、これこそ最も核心的な問いかけであり、どこの誰に何を提供するか意図が明確な経営者は選択と集中が可能になる。そこが甘い経営者は、経営資源が有限であることを前提にすると、どこのだれに対して経営をしているのかわからなくなって、もぐら叩きの様相を呈してくる。

実は教育現場はこれまでにそうしたことを自らに問いかけてこなかった。百瀬が「顧客とは」「顧客価値とは」について抜本的に考えているのは稀有な例なのである。

百瀬が学生たちの就職先である地域の幼稚園や保育園に足を運ぶのも、もちろん、学生たちの就職先との関係づくりという側面もあるが、幼稚園や保育園がどのような教育者を必要としているかについて、マーケティングをして、それを教育内容にフィードバックすることを重視しているからなのだ。学校における顧客視点とはそういうことである。あるいは、いまの幼稚園や保育園に子どもを通わせる親の価値観を先取りして、「グローバル教育に適応できる人財」を育成しようとしているのも、顧客視点に立った経営と言えよう。

教育における「顧客とは」「顧客価値とは」という問いは、簡単に答えが出るものではない。重要なのは、そうした問いを職員と共有できるような風通しのいい風土を百瀬が目指していることだ。

そうした風土が強靭な足腰を鍛えることは間違いない。5年後、10年後に外部環境が変化して、顧客の教育機関に対する期待が変化したときに、感度を研ぎ澄まして先取りして対応できるからだ。

前述したように百瀬は、鶴川女子短大の学生が地域の幼稚園に教育実習に行く際には、自分も足を運んでその様子を見に行く。そこで認識したのは、自分たちの学園が、学生を送り出す地域の幼稚園やそこの園児の保護者に支えられているということだった。

「幼稚園の園長先生にご挨拶に行くと、創立者である祖父の話や昔の苦労話が出てきます。そうした話を聴くにつれ、自分たちの学園が地域に根付いて信頼を獲得するまでには、長い時間がかかっているし、それがいまの土台になっているのだなと認識し感謝しました」

この信頼感こそが自分たちが継承して維持すべき明泉学園のコアであり、その上にグローバル教育という新たな価値を加えていこうと百瀬は決意している。

おわりに

まずは、最後までお読みいただいた読者の方に、感謝申し上げたい。

8社8様の実例を踏まえると、「熱き経営者」になるためには、「気配り上手」「語り上手」「アピール上手」などのコミュニケーションスキルの向上とともに、「経営者の思考回路」、「経営者の人材ネットワーク」の形成が重要なキーになるだろう。

起業を目指す人、事業承継し第二創業を目指す人が「経営者の思考回路」を形成するためには、望む望まないとに関わらず、大きな試練（経営危機など）を経験することが必要である。

近年、リスクを恐れてチャレンジしない経営者が多いと言われている。だが、「若いときの苦労は買ってでもせよ！」といった言葉があるように、若いうちはリスクを恐れずチャレンジすることが重要だ。一方で矛盾するようではあるが、チャレンジにおいては、少しでもリスクを軽減することも課題となる。

そのリスクヘッジの最たるものが、「経営者の人的ネットワーク」である。自身の魅力を向上させるとともに、真摯にビジネスに取り組み、ぜひご自身や御社のファンを増やしてもらいたい。日本人はシャイな人が多く、交流会に参加しても、知っている者同士で固まっていると、たびたび揶揄されることがある。その壁を取り払い、多様な人々と交流し、御社の強みや特色を知らしめてもらいたい。

ところで、起業者、後継者に「経営者の思考回路」と「経営者の人的ネットワーク」の形成を進める学習の場として専門職大学院が注目される。一般の大学院は学術的領域を扱う研究者・技術者等を育成するのに対して、専門職大学院では「高度な専門職業人」の育成を目的としている。その中の一つに、日本工大学専門職大学院技術経営研究科（NIT－MOT）がある。

NIT－MOTでは、中堅・中小企業の経営者、後継者、幹部社員などを対象に、マネジメント教育を行っており、実務家教員による双方向型講義をベースに、経営者をゲスト講師として招いた授業、実際の中堅・中小企業を対象に経営課題の発掘・討議・提案するケース授業などが展開されている。ＮＩＴ－ＭＯＴの1年間で、経営に関する基礎的知識を体系的に修得するとともにケーススタディ等を積み重ねることで、積極的な事業創発に伴うリスクを少しでも軽減することができる。このことは、「経営者の思考回路」の形成のための仕込みともいえる。

ＮＩＴ－ＭＯＴは、日本工業大学の学園創立１００周年記念事業の一環として、２００５年に学園創立の地である神田に開設され、これまで３００人以上の修了生を輩出している。とくに、修了生は、企業規模、業種、業態、職位、年齢などにおいて多様化しており、修了生の交流促進を目指しコーディネイト機能を持つＭＯＴ倶楽部も運営されている。同期生だけでなく修了生間の交流による人脈づくりの場となっているのだ。

本書で紹介した「熱き経営者」はみな、ＮＩＴ－ＭＯＴの修了生である。本書にもあったように同期生、先輩・後輩の修了生との交流やグループワークを積み重ねることによって、ＮＩＴ－ＭＯＴにおける多様な人々との人脈を形成し、それぞれのビジネスに活かしている。

これから起業を目指す方、後継者として第二創業を目指す方は、ＮＩＴ－ＭＯＴで学ばれることを検討してもらえれば幸いである。

２０１６年９月１日

日本工業大学専門職大学院　技術経営研究科
研究科長　小田恭市

編集後記

私は「神保町の奇跡」の現場に立ち会うこととなった。

東京神田神保町の古書店街は130年の歴史を有する。明治10年代に当地域に相次いで創立された法律学校（現在の明治大学、中央大学、日本大学、専修大学の前身）の学生を目当てに古書店が次々と出店されたのが、その発祥である。東西は駿河台下交差点から専修大交差点までの靖国通り沿いの南側を中心に、新刊書を扱う一般書店を含めると総数約200件（うち、約7割が古書店）が集積している。幸いにして太平洋戦争中も空襲を受けず、世界最大の書店街を形成しており、「知のメッカ」となっている。

この世界一の書店街、駿河台下交差点南西角に立つ岩波ホールの靖国通りの南側すぐそばに、小粒だが知る人ぞ知る「経営者が学ぶ極めてユニークな社会人向けの大学院」がある。私は昨年4月からこの大学院の教員として働くご縁を得た。そこで、私は、「志」を持ち事業を興すこと、そして、事業と共にその「志」をリレーすること、その事業をもとに未来に向けて新たな事業創発に人生をかけて挑戦する人々に出会った。

教員と院生、院生同士が「互学互修」する熱い現場であり、まさしく1年間寝食を共にするような濃厚な時間を通じて、これまでの様々な実体験を相互に語り合い共有し、信頼関係の人的ネットワークを形成している。社会人向け大学院では経営者が必要とするマネジメントスキルを体系的に学ぶことができる。しかし、スキルを学ぶことが最終目標ではなく、何よりも大切なことは、先ず、「互学互修」を通じて議論を尽くし、課題認識を明確にすることにある。すなわち、自身の「志」を一層強くしたうえで、その達成のためにマネジメントスキルを身に付けるということだ。

長年に亘り、ここ神田神保町は「古書」を介して、「ナレッジ」の流通拠点として機能してきたわけだが、この「社会人向け大学院」は「志」のリレー拠点として機能している。今年3月の大学院修了式のあとの院生主催による謝恩会において、ある院生はこの神保町での貴重な1年間の教員と院生、院生同士による「互学互修」の体験と、突如として出現する人間的魅力に満ちた先輩たちとの交流の場を「神保町の奇跡」であると言ったが、私自身はまさにその現場に立ち会った証言者の一人であると自認している。

私は、この「神保町の奇跡」の一部を書籍の形で世に紹介してはと思い、小田研究科長をはじめ大学院関係者、そして大学院修了生である経営者の方々にご意見をうかがったところ多数の賛同をいただき、今回は8法人の経営者の方々から取材に応じていただくことの快諾を得た。新しい技術や社会の動向を展望し、あるいは運命的な出会いを通じて、「志」を持ち起業した経営者の方々、その「志」を継承し、あるいは継承しつつも創発的に第二創業に向けて取り組んでいる経営者の方々である。

現在、経済社会情勢は国内外ともにマイナス金利に代表されるように資金需要が見出せない状況、事業を創造する人々を支援する機能に係る様々な問題に直面している。市場の数字を見ても、企業を見ない。あるいは企業の数字を見ても経営者を見ない。私は、金融活動や経済活動において、数字の分析に追われ、人物の見識を見ることが疎かにされてきたのではないかと危惧している。今こそ、日本の企業数において99・7%、従業員数では70・1%を占める中小企業の社員や経営者に目を向けることが求められよう。大企業の社員や経営者においても、情報通信技術を中心とした新しい技術変化に対応するためには、中小・中堅企業やベンチャー企業との協業が今後の企業活動の鍵となることが益々再認識されるものと思われる。これらの問題意識を持たれる方々や、これまでのご自身の実務経験を踏まえ、一度、専門職大学院にて経営学を体系立てて学び直し、経営に関する専門性を向上させたいと考えている多くの潜在的な読者にとって、さらに日本の将来のために日々頑張っている多くの人々にとって、本書が一助になることを願うものである。

最後に、経営者として日々ご多忙の中、取材に快く応じていただいた8法人の経営者の方々、担当教授陣、そして新しい社会に向けて良書を紹介するベンチャー企業である㈱情報工場の藤井徳久社長ほか関係各位に謝意を表したい。

企画編集担当　三宅 将之

日本工業大学 専門職大学院 技術経営研究科

Nippon Institute of Technology Graduate School for Management of Technology

日本工業大学の学園創立100周年記念事業の一環として、専門職大学院技術経営研究科は2005年に学園創立の地である神田に開設。専門職大学院の中でも、中堅・中小企業が必要とする技術経営人材を養成することを特徴にする大学院として、実務経験豊富な教授陣と旺盛なチャレンジ精神をもつ院生による活発な相互啓発（互学互修）によって、日本の産業人材育成に大きな足跡を残してきた。主な特徴は以下のとおりである。

❶本専門職大学院技術経営研究科には３つのコースが設置されている。

・中小企業技術経営コース：従来の経営路線を踏襲するビジネスリーダーの育成
・プロジェクトマネジメントコース：プロジェクトマネジメントを行うプロジェクトリーダーの育成
・起業・第二創業コース：起業や第二創業をマネジメントするイノベーターの育成

❷多忙なビジネスマンが院生になることから修学期間は1年間とし、この1年間で修士号（技術経営修士）が取得できる。

・授業時間は、月～金曜日が午後6時30分から午後9時40分（２コマ）、土曜日が午前9時30分から午後8時（6コマ）。この中から、受講科目を選択する。
・夏休み（8月に約10日間）と冬休み（12月から1月にかけて約7日間）

❸特定課題研究（技術経営研究プロジェクト）では、自社・自分のイノベーションに向けた方向性・目標と戦略・戦術を修士論文としてまとめる。

・研究指導する専任教授1人（主査）、研究サポートする専任教授２人（副査）の体制のもとで特定課題研究を半年間で実施する。
・特定課題研究成果の多くは、修了後、自社等で実践しビジネスに大きく貢献している。

編著者

日本工業大学 専門職大学院 MOT経営研究会

企画・編集者

技術経営研究科 教授 三宅将之

編集協力者

陳本栄（USTRON株式会社）……教授 小田恭市

佐藤英児（株式会社クリエゾン）……教授 小田恭市

村上保裕（株式会社マイテック）……教授 武富為嗣

田村修二（株式会社ラインワークス）……教授 小田恭市

三原光信（株式会社ワークコスモ）……教授 小田恭市

小田倉久視（株式会社ヒバラコーポレーション）……教授 小田恭市

住田利明（株式会社住田光学ガラス）……教授 清水弘

百瀬義貴（学校法人明泉学園）……教授 水澤直哉
……教授 近江正幸

【編著者プロフィール】

日本工業大学 専門職大学院 MOT 経営研究会

Nippon Institute of Technology,
Graduate School for Management of Technology

日本工業大学の学園創立 100 周年記念事業の一環として、2005 年に学園創立の地である神田に開設。日本の中堅・中小企業が必要とする技術経営人材を養成する大学院として発足。教授陣の豊富な知見と院生のチャレンジ精神による活発な相互啓発（互学互修）によって、日本の産業人材育成に寄与している。

〒 101-0051　東京都千代田区神田神保町二丁目 5 番地

http://mot.nit.ac.jp/

ケーススタディで学《まな》ぶ　起業《きぎょう》と第《だい》二《に》創業《そうぎょう》

2016 年 10 月 1 日　初版発行

2016 年 10 月 27 日　第 2 版発行

発 行　**株式会社クロスメディア・パブリッシング**

発 行 者　小早川 幸一郎

〒 151-0051　東京都渋谷区千駄ヶ谷 4-20-3 東栄神宮外苑ビル

http://www.cm-publishing.co.jp

発 売　**株式会社インプレス**

〒 101-0051　東京都千代田区神田神保町一丁目 105 番地

TEL (03)6837-4635 (出版営業統括部)

■本の内容に関するお問い合わせ先 ……………… クロスメディア・パブリッシング

TEL (03)5413-3140 ／ FAX (03)5413-3141

■乱丁本・落丁本のお取り替えに関するお問い合わせ先 ……………… インプレス　カスタマーセンター

TEL (03)6837-5016 ／ FAX (03)6837-5023 ／ info@impress.co.jp

乱丁本・落丁本はお手数ですがインプレスカスタマーセンターまでお送りください。送料弊社負担にてお取り替えさせていただきます。但し、古書店で購入されたものについてはお取り替えできません。

■書店／販売店のご注文受付 ……………… インプレス　受注センター

TEL (048)449-8040 ／ FAX (048)449-8041

カバー・本文デザイン　安賀裕子 (cmD)　　　　印刷　株式会社シナノ

ISBN 978-4-8443-7742-9 C2034